Codice Della Legge Canonica

Canone 66 «L'economia cristiana, di conseguenza, dal momento che è il nuovo e definitivo Testamento, non morirà mai; e non bisogna aspettarsi nessuna pubblica rivelazione prima della gloriosa manifestazione di nostro Signore Gesù Cristo". Ma anche se la Rivelazione è già completata, non è stata resa completamente esplicita; alla fede cristiana rimane da cogliere il suo completo significato nel corso dei secoli.

Canone 67 Negli anni ci sono state le cosiddette rivelazioni "private", alcune delle quali sono state riconosciute dall'autorità della Chiesa. Non appartengono, però, al deposito della fede. Il loro compito non è migliorare o completare la Rivelazione definitiva di Cristo, ma aiutare a vivere più pienamente in essa in certi periodi della storia. Guidato dal Magisterium della Chiesa, il sensus fidelium sa come discernere e dare il benvenuto a queste rivelazioni, sia che costituiscano una chiamata autentica alla Chiesa da parte di Cristo che da parte dei suoi santi.

La fede cristiana non può accettare "rivelazioni" che sostengano di sorpassare o correggere la Rivelazione di cui Cristo è il compimento, come nel caso di religioni certamente non cristiane e anche di alcune recenti sette che si basano su tali "rivelazioni".

Lamb Books

Versione illustrata per tutta la famiglia

LAMB BOOKS

Pubblicato da Lamb Books, 2 Dalkeith Court, 45 Vincent Street, London SW1P 4HH;

UK, USA, FR, IT, SP, PT, DE

www.lambbooks.org

Prima pubblicato da Lamb Books 2013

questa edizione

001

L'autore e l'editore sono grato al Centro Editoriale Valtoriano in Italia per il permesso di citare il Poema dell'Uomo-Dio di Maria Valtorta, da Valtorta Publishing

Situato in Bookman Old Style R

Stampato e rilegato da CPI Group (UK) Ltd, Croydon, CR0, 4YY

Seguitemi

Dove Ci Sono Le **Spine**,

Ci Saranno **&**nche Le **Rose**

LAMBBOOKS

RICONOSCIMENTO

Il materiale contenuto in questo libro è tratto d'Il Poema Dell'Uomo Di'o ('Il Vangelo Come Mi È Stato Rivelato') da Maria Valtorta, prima approvata dal Papa Pio nel 1948 nel una riunione del Febbraio 1948, testimoniato da altri tre sacerdoti. Ordinò i tre sacerdoti presente "pubblicare questo lavoro cosi com'è".

Nel 1994 il vaticano approva gli appelli dei cristiani in tutto il mondo e ha cominciato ad esaminare il caso per la Canonizzazione di Maria Valtorta (Giovanni piccolo). Il poema del uomo Dio è stato descritto da un confessore del Papa Pio come "edificante".

Revelazioni mistiche sono stati per molto tempo la provincia dei sacerdoti e religiosi. Ed ora sono ottenibile a tutti. Tutti coloro che leggono questo adattamento troverà anche edificante. E attraverso questa luce, la fede può essere rinnovata.
Un ringraziamento speciale al Centro Editoriale Valtortiano in Italia per il permesso di citare Il Poema Dell' Uomo Dio di Maria Valtorta, soprannominato Giovanni piccolo

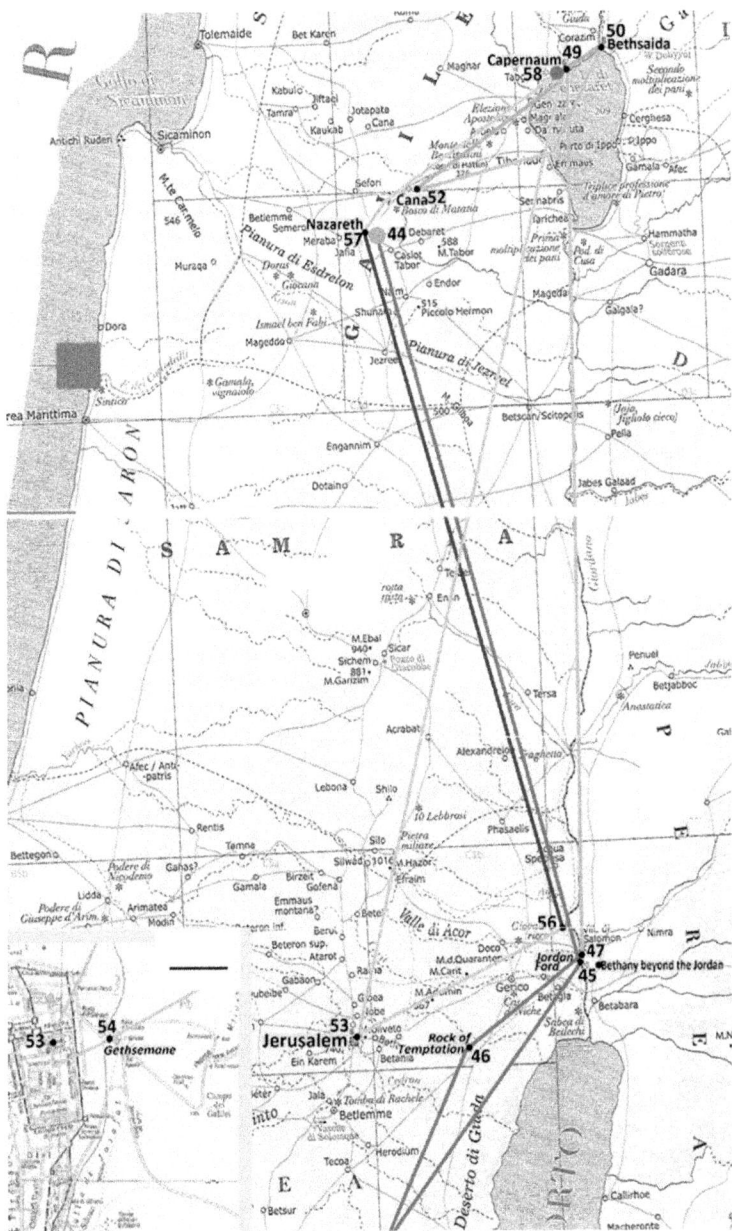

Contenuto

Gesù Alle Nozze Di Cana

Il luogo del matrimonio è una casa bianca lunga e bassa nella periferia di Cana, situata in mezzo a uno spiazzo erboso con qualche albero di fichi e di mele e un pozzo al centro. E' di proprietà di contadini che vivono al centro della loro tenuta, circondata da una quieta campagna verde che si estende molto al di là di essa. La casa si trova di fronte alla strada, ma è un po' distante da ciò che appare una strada principale a cui è collegata tramite un sentiero che attraversa il terreno erboso.

Al piano terreno della casa, alcune porte basse, non più di due su ciascun lato, conducono a basse stanze buie dove la famiglia realmente vive, dove hanno il loro magazzino e la cantina.

Una scala esterna lungo la facciata sale fino alla porta del primo piano, circa a metà facciata e conduce in una sala usata per occasioni speciali, come giorni di festa, o per attività che richiedono molto spazio, come asciugare o pressare i cibi. Ci sono alcune finestre e porte e un tetto terrazzato circondato da un muro basso di circa mezzo metro di altezza. Il pergolato ombreggiato di una vite arriva fino al terrazzo soleggiato, allungando i suoi rami per circa metà di esso.

Non sono ancora le nove di mattina, in primavera. Il grano nei campi è ancora immaturo e verde e senza spighe. I prati sono coperti di erba e la rugiada sull'erba fa sembrare più verde la campagna. Le foglie sull'albero di fichi e sul melo sono verdi e tenere come quelle delle viti. Ma non ci sono fiori né frutti sul melo, sul fico o sulle viti, il melo ha appena sviluppato i suoi fiori e i suoi piccoli frutti non sono ancora visibili.

E' una giornata luminosa e soleggiata; l'aria è ancora libera dalla polvere e il cielo è completamente azzurro. C'è una calma assoluta, senza movimenti o suoni. Poi, due donne in abito lungo e con indosso dei mantelli che coprono anche la testa come veli, spuntano dalla strada principale e svoltano sul sentiero che conduce alla casa.

La più anziana delle due donne, di circa cinquant'anni. indossa un abito scuro di lana grezza, di tonalità marrone grigiastro.

La donna più giovane indossa un abito giallo chiaro, dimostra circa trentacinque anni, è meravigliosamente bella e snella e avanza con molta dignità profumata di tanta gentilezza e umiltà. Mentre si avvicina, il Suo volto pallido, gli occhi blu e i capelli biondi visibili sulla Sua fronte La identificano come la nostra Santissima Signora, ma la donna più anziana rimane sconosciuta.

Le due donne stanno conversando e Maria è sorridente. Quando si avvicinano alla casa, qualcuno che ha evidentemente assistito al loro arrivo informa gli altri nella casa e due uomini e due donne, tutti nei loro abiti migliori, vanno loro incontro e porgono un caloroso benvenuto alle ospiti in arrivo.

Maria, Che è una parente o un stretta della famiglia dello sposo e pertanto ha molta familiarità con loro, viene accolta più calorosamente e accompagnata da un uomo più anziano, il padrone, lungo la scala esterna e in un ampia sala che sembra occupare la maggior parte, se non la totalità, del piano superiore. E' stata liberata da ogni oggetto e decorata con rami, tappeti e tavoli apparecchiati con ricchi piatti. Ci sono due tavoli preparati per gli ospiti, uno al centro e un altro lungo il muro di destra. Il tavolo al centro è riccamente preparato, con anfore e piatti pieni di frutta. Quello sulla destra non è preparato tanto sontuosamente quanto il tavolo al centro. C'è anche una lunga credenza accanto alla parete di sinistra, con piatti di formaggio, torte ricoperte di miele e caramelle, mentre sul pavimento, dietro la credenza, ci sono altre anfore e inoltre sei grandi vasi di forma simile a brocche di rame.

Maria ascolta benevolmente ciò che Le dicono, poi si toglie il mantello e aiuta gentilmente a finire di preparare i tavoli; andando avanti e indietro dai divani, disponendo corone di fiori, migliorando l'aspetto dei piatti di frutta, assicurandosi che le lampade siano riempite di olio, sorridendo per tutto il tempo, parlando molto poco e, quando lo fa, a voce molto bassa. Ma ascolta molto e con molta pazienza.

Un forte suono di strumenti musicali non molto armonici si diffonde nella sala dalla strada e, ad eccezione di Maria, tutti corrono fuori, con in testa lo sposo, a dare il benvenuto alla sposa, che entra, cammina accanto a lui, vestita elegantemente e felice e circondata da amici e parenti.

Nel frattempo, Gesù, in una tunica bianca e un mantello blu scuro, è arrivato al villaggio assieme a Giovanni e Giuda Taddeo. Quando Giuda sente il suono degli

strumenti, interroga un uomo nelle vicinanze e poi parla con Gesù, Che sorride e dice "Andiamo a far felice Mia Madre."
E cominciano ad attraversare i campi in direzione della casa. L'arrivo di Gesù è osservato dallo stesso sorvegliante di prima, che poi informa gli altri. Il padrone di casa, con suo figlio, lo sposo, e Maria, scendono tutti ad incontrarlo e salutano rispettosamente Lui e i Suoi compagni.
Il modo amorevole e rispettoso in cui Gesù e Maria si salutano è particolarmente toccante; non ci sono effusioni mentre si scambiano le parole "La Pace sia con Te", entrambi con uno sguardo e un sorriso che valgono centinaia di abbracci e centinaia di baci. Un bacio trema sulle labbra di Maria ma non viene dato. Invece, Ella posa la Sua piccola mano bianca sulla spalla di Gesù e tocca leggermente un ricciolo dei Suoi lunghi capelli; la carezza di un'innamorata casta.
Poi, camminando accanto a Sua Madre, Gesù sale le scale, seguito dai Suoi discepoli, dal padrone e dallo sposo. Appena entrano nella sala, le donne cominciano ad affaccendarsi, aggiungendo posti e piatti al tavolo al centro per i tre ospiti inattesi, poiché l'arrivo di Gesù era stato incerto e quello dei Suoi compagni assolutamente imprevisto.

"Che la pace sia in questa casa e la benedizione di Dio sia su tutti voi" dice Gesù, nella sua voce distinta e pienamente maschile, entrando maestosamente nella sala, dominando tutti i presenti con il Suo portamento e la Sua altezza. Benché sia un ospite casuale, Egli sembra il re del banchetto più dello sposo o del padrone, indipendentemente da quanto Egli sia umile e cortese. Anche i due discepoli vengono invitati a sedersi allo stesso tavolo per rispetto verso Gesù.

Gesù prende posto al tavolo accanto al padrone, seduto di fronte a Maria, il Cui posto è accanto alla sposa. Anche le madri della giovane coppia sono sedute a questo tavolo, ma tutte le altre donne sono sedute all'altro tavolo accanto al muro destro, dove fanno un tale chiasso da sembrare cento persone.
Gesù è seduto di spalle al muro dove si trovano la credenza e le grandi brocche e per questo non può vederle. Né può vedere il cameriere che si dà da fare con i piatti di carne arrostita che vengono portati agli ospiti da una porta accanto alla credenza. La giovane coppia e gli ospiti più importanti vengono serviti per primi, seguiti dal tavolo a destra.

Il banchetto comincia e gli ospiti non mancano né di appetito né di sete, ad eccezione di Gesù e di sua Madre che mangiano e bevono poco entrambi. Maria parla molto poco. Gesù parla un po' di più ma, sebbene sia molto moderato, non è né ostile né sprezzante nel poco che dice. E' gentile ma non loquace, risponde se interrogato. risponde quando gli rivolgono la parola, si interessa agli argomenti ed esprime la Sua opinione, ma poi si concentra sui Suoi pensieri come se fosse abituato alla meditazione. Sorride ma non ride mai e se sente una battuta sconsiderata, finge di non aver sentito. Maria è fortificata dalla contemplazione del Suo Gesù, e allo stesso modo Giovanni, che è dall'altra parte del tavolo e pende dalle labbra del suo Maestro.
Maria nota che i servitori stanno parlando a bassa voce con il maggiordomo, che sembra molto imbarazzato ed Ella comprende la causa della situazione spiacevole.
"Figliolo", Ella sussurra a bassa voce, attirando così

l'attenzione di Gesù.

"Figliolo, hanno finito il vino."

"Donna, cosa c'è ancora tra Te e Me?" Dice Gesù, le
sorride ancora più gentilmente e Maria ricambia il
sorriso, come due persone consapevoli di una qualche
verità che è il loro segreto gioioso ma è ignorata da tutti
gli altri.

Con quel sorriso, Gesù dice a Sua Madre, senza parole:
"Prima ero Tuo, solo Tuo. Mi ha i dato degli ordini, ed Io
Ti ho obbedito. Ero soggetto a Te. Ora appartengo alla
Mia missione."

E con quella singola parola "ancora" Egli esprime: "Tu
eri tutto per Me, Madre, fino a quando Io ero solo Gesù di
Maria di Nazaret, e Tu sei tutto nel Mio spirito; ma da
quando sono divenuto il Messia atteso, Io appartengo a
Mio Padre. Aspetta un po' e, una volta che la Mia
missione sarà compiuta, Io sarò di nuovo solo Tuo; Tu Mi
terrai ancora tra le braccia, come quando ero bambino, e
nessuno contenderà mai con Te per Tuo Figlio,
considerato la disgrazia dell'umanità, che Ti getterà
contro i Suoi resti mortali, per provocare in Te la
vergogna di essere la madre di un criminale. E in seguito
Tu mi riavrai ancora una volta, trionfante, e infine Mi
avrai per sempre quando trionferai in Paradiso. Ma ora Io
appartengo a tutti questi uomini. E appartengo al Padre,
Che Mi ha inviato a loro."

"Fa' ciò che Egli ti dice." Dice Maria ai servitori. Negli
occhi sorridenti di Suo Figlio, Maria ha letto il Suo
consenso, velato dal grande insegnamento per tutti coloro
"che sono chiamati".

"Riempite le brocche di acqua" dice Gesù ai servitori.

I servitori vanno fuori, al pozzo, la puleggia stride mentre
il secchio di raccolta viene abbassato, tirato su e
riabbassato e le brocche sono riempite di acqua dal

pozzo.

Il maggiordomo versa un po' del liquido con occhi stupefatti, poi lo assaggia con gesti di stupore ancora maggiore, la gusta e parla con il padrone e lo sposo. Maria guarda un'altra volta Suo figlio e sorride; poi, avendo ricevuto un sorriso da Lui, piega la testa, arrossendo leggermente. E' felice.

Un mormorio si diffonde nella sala, tutti si voltano verso Gesù e Maria, alcuni si alzano per vedere meglio, altri vanno vicino alle brocche. Poi c'è un attimo di silenzio, che viene immediatamente rotto da un'esplosione di lodi verso Gesù.

Egli si alza e dice semplicemente: "Ringraziate Maria" e si allontana dal banchetto. I Suoi discepoli Lo seguono.

Sulla soglia ripete: "Che la pace sia in questa casa e la benedizione di Dio su di voi" e aggiunge: "Saluti, Madre."

Gesù Caccia I Mercanti Dal Tempio

Gesù entra nel complesso del Tempio, accompagnato dai Suoi sei discepoli, Pietro, Andrea, Giovanni, Giacomo, Filippo e Bartolomeo, e un'ampia folla si è già radunata all'interno così come all'esterno del complesso del Tempio. Infatti, guardando in basso dalla cima della collina su cui è situato il Tempio, le strade strette e tortuose di Gerusalemme sono colme di sciami di pellegrini che arrivano in stormi da ogni parte della città, in modo tale che le strade sembrino un nastro multicolore che si muove tra le sue bianche case e l'intera la città è completamente trasformata in un giocattolo raro, fatto di nastri allegramente colorati che convergono verso le cupole brillanti della Casa del Signore.

Ma all'interno del complesso si trova... un vero mercato. La serenità del luogo santo è stata distrutta da gente che corre, alcuni che chiamano, altri che contrattano agnelli, urlano e imprecano per i prezzi eccessivi, animali che belano mentre vengono condotti in recinti, rozzi divisori fatti di funi e paletti, eretti dai mercanti fermi all'ingresso per contrattare con i compratori.

Ci sono colpi di manganello, belati, imprecazioni,

urla, insulti ai servi che non sono veloci a radunare
o selezionare gli animali, insulti ai compratori che
mercanteggiano sui prezzi o che si rifiutano di comprare
e insulti ancora più pesanti per coloro che hanno
saggiamente portato i propri agnelli.

Ci sono più urla ai banchi dei cambiavalute dove il tasso
di cambio legale è stato ignorato con disinvoltura ed anzi,
senza alcun tasso fisso, i cambiavalute sono ora diventati
usurai, impongono tassi esorbitanti per incrementare
a piacimento i loro profitti e non scherzano nelle loro
transazioni! Più la gente è povera o più viene da lontano,
più viene derubata: gli anziani più dei giovani e coloro
che non provengono dalla Palestina ancora di più della
gente del luogo.

Ed è evidente che è sempre costume, almeno nel periodo
della Pasqua, che il Tempio diventi... una borsa valori o
un mercato nero.

Un povero uomo anziano, uno dei tanti, guarda con
tristezza ripetutamente il denaro che ha risparmiato
in un intero anno di lavoro molto duro. Lo estrae e
lo rimette nel suo borsello dozzine e dozzine di volte,
andando da un cambiavalute all'altro e a volte, alla
fine, tornando al primo, che poi si vendica della prima
diserzione alzando la commissione. E le grosse monete
passano con rammarico dalle mani del loro proprietario
sospirante nelle avide mani degli usurai che le cambiano
in monete più piccole.

Poi il povero uomo anziano va incontro a un'altra tragedia
con i mercanti di agnelli per la scelta e il pagamento
degli animali. E se, come avviene spesso, il povero uomo
anziano è anche mezzo cieco, allora viene ingannato con
l'agnellino dall'aspetto peggiore.

19

Una coppia di anziani - marito e moglie - porta indietro
un povero agnellino, che è stato rifiutato da coloro che
praticano sacrifici, in quanto imperfetto. La coppia di
anziani piange e implora il mercante di agnelli che, ben
lontano dal commuoversi, risponde con rabbia con crude
parole e maniere rudi:
"Considerando quanto volete spendere, Galilei, l'agnello
che vi ho dato è fin troppo buono. Andatevene! O, se ne
volete uno migliore, dovete pagare altre cinque monete. "
"In nome di Dio! Noi siamo poveri e vecchi! Vuoi impedirci
di celebrare questa Pasqua che potrebbe essere l'ultima
per noi? Non sei soddisfatto di quanto volevi per un
povero agnellino? "
"Andatevene, luridi. Sta arrivando Giuseppe il Vecchio.
Apprezzo la sua cortesia. Dio sia con te, Giuseppe! Vieni
a scegliere! "
Giuseppe il Vecchio, anche noto come Giuseppe di
Arimatea, passa davanti, imponente e orgoglioso, vestito
magnificamente, senza degnare di uno sguardo i poveri
anziani all'entrata del recinto. Entra nel recinto, sceglie
un meraviglioso agnello e quasi inciampa nella coppia di
anziani uscendo con il suo grasso agnello belante.

Anche Gesù, che ora è vicino, ha fatto il Suo acquisto,
e Pietro, che ha contrattato per Lui, trascina un agnello
piuttosto buono. Pietro vorrebbe andare subito dove si
offrono i sacrifici, ma Gesù si volta verso destra, verso la
coppia di anziani spaventati, piangenti, esitanti, che sono
pestati dalla folla e insultati dal venditore.
Gesù, Che è così alto che le teste dei poveri anziani
raggiungono a malapena il Suo cuore, posa una mano
sulla spalla della donna e le chiede: "Perché stai
piangendo, donna? "
La piccola donna anziana si volta e vede il giovane uomo,

alto e solenne, in una bella tunica bianca nuova e un
mantello abbinato bianco come la neve . Lo scambia
per un dottore per i Suoi indumenti e per il Suo aspetto
e la sua sorpresa è ancora maggiore perché i dottori
e i sacerdoti non prestano attenzione ai poveri, né li
proteggono dalla grettezza dei mercanti. Spiega a Gesù il
motivo delle sue lacrime.
"Cambia questo agnello per questi credenti. Non è degno
dell'altare, e non è giusto che tu debba approfittarti di
due poveri anziani, solo perché sono deboli e indifesi. "
dice Gesù al venditore di agnelli.
"E tu chi sei? "
"Un uomo giusto. "
"Per il Tuo modo di parlare e per quello dei Tuoi
compagni, so che sei un galileo. Può esistere un uomo
giusto in Galilea? "

"Fa' ciò che ti ho detto, e sii tu stesso un uomo giusto. "
"Ascoltate! Ascoltate il galileo Che difende i Suoi pari!
E vuol insegnare a noi del Tempio! " L'uomo ride e Lo
schernisce, imitando l'accento galileo, che è più musicale
e dolce di quello giudeo.
Molta gente si avvicina e altri mercanti e cambiavalute
prendono le difese del mercante, loro simile, contro Gesù.
Tra i presenti ci sono due o tre rabbini ironici. Uno di
essi chiede: "Sei un dottore?", in un tono che metterebbe
alla prova persino la pazienza di Giobbe.
"Sì, lo sono."
"Cosa insegni? "
"Ecco cosa insegno: a rendere la Casa di Dio una casa
di preghiera e non di usura o un mercato. E' questo che
insegno. "
Gesù è formidabile. Sembra l'arcangelo sulla soglia del
Paradiso ed anche senza una spada lucente tra le mani,

i raggi di luce dai Suoi occhi colpiscono come fulmini gli
empi schernitori. Gesù non ha niente in mano. Ha solo la
Sua collera. E, pieno di collera, cammina veloce e solenne
tra i banchi dei cambiavalute. Sparpaglia le monete
che sono state tanto meticolosamente messe in ordine
secondo il loro valore, rovescia i banchi e i tavoli gettando
tutto per terra con forti rumori. Tra il fragore dei metalli
che cadono e di legno battuto, grida rabbiose, strilli di
terrore e urli di approvazione si sollevano assieme. Ma
Gesù non ha ancora finito.
Strappa dalle mani dei garzoni della stalla delle corde
usate per legare i buoi, le pecore e gli agnelli e le usa
per farne una frusta molto dura con i nodi che sono veri
flagelli. Poi solleva la frusta e la agita colpendo con essa
senza pietà. Sì... senza pietà.
La tempesta imprevista colpisce teste e schiene. I
credenti si spostano da un lato ammirando la scena;
i colpevoli, scacciati fino al muro esterno, scappano,
lasciando i soldi per terra e abbandonando i loro animali
in una gran confusione di gambe, corna e ali, alcuni dei
quali, atterriti, corrono e volano via. I muggiti dei buoi,
i belati delle pecore e il battito d'ali delle tortore e dei
colombi, si aggiungono al trambusto delle risate e alle
grida dei credenti mentre deridono gli usurai in fuga,
coprendo persino il triste coro degli agnelli che vengono
uccisi in un altro cortile.
Sacerdoti, rabbini e farisei accorrono sul posto. Gesù è
ancora in mezzo al cortile, terminata la caccia, con la
frusta ancora tra le mani.
"Chi sei Tu? Come osi fare ciò, stravolgendo le cerimonie
prescritte? Di quale scuola sei? Non Ti conosciamo, né
sappiamo da dove vieni."
"Io sono l'Onnipotente. Io posso fare tutto. Distruggete
questo Tempio ed Io lo innalzerò per dare lode a Dio.

23

Non sto stravolgendo la santità della Casa di Dio, ma voi la stravolgete permettendo che la Sua Casa divenga il centro degli usurai e dei mercanti. La mia scuola è la scuola di Dio. La stessa scuola che tutto Israele ha seguito quando Il Padre Eterno ha parlato a Mosè. Non Mi conoscete? Mi conoscerete. Non sapete da dove vengo? Lo imparerete."

Poi, ignorando i sacerdoti, Gesù si volta verso la gente, ergendosi nella Sua bianca tunica, con il mantello aperto e fluttuante nel vento alle Sue spalle, le braccia distese come un oratore che sottolinea il fulcro del suo discorso, e dice: "Ascolta, Israele! Nel Deuteronomio è scritto: 'Devi assegnare giudici e scribi a tutte le porte... ed essi devono amministrare un giudizio imparziale per la gente. Devi essere imparziale, non devi farti corrompere, perché un atto di corruzione acceca gli uomini saggi e mette in pericolo la causa dei giusti. La giustizia rigorosa deve essere il tuo ideale, in modo che tu possa vivere nel possesso di diritto della terra che Yahweh, tuo Dio, ti sta donando.' "

"Ascolta, Israele. Nel Deuteronomio è scritto: 'I sacerdoti e gli scribi e tutta la stirpe di Levi non avrà quote o eredità da Israele, perché essi dovranno vivere del cibo offerto a Yahweh e di ciò che è a Lui dovuto, non avranno eredità tra i loro fratelli, perché Yahweh sarà la loro eredità.'"

"Ascolta, Israele. Nel Deuteronomio è scritto: 'Non devi chiedere interessi a un tuo fratello, sia di denaro che di cibo o di qualunque altra cosa. Puoi chiedere gli interessi su un prestito a uno straniero; presterai senza interessi a un tuo fratello qualunque cosa di cui egli abbia bisogno.' Il Signore ha detto questo. Ma ora vedete che in Israele i giudizi sono amministrati senza giustizia per i poveri. Essi non sono inclini alla giustizia, ma stanno dalla parte dei ricchi, ed essere povero, far parte della gente

comune vuol dire essere oppresso. Come può il popolo
dire: 'I nostri giudici sono giusti' quando essi vedono
che solo i potenti sono rispettati e accontentati, mentre
i poveri non hanno nessuno che li ascolti? Come può il
popolo rispettare il Signore, quando vede che il Signore
non è rispettato da coloro che dovrebbero rispettarlo
più di chiunque altro? Chi infrange i comandamenti
del Signore Lo rispetta? Perché allora i sacerdoti in
Israele possiedono proprietà ed accettano tangenti dagli
esattori e dai peccatori, che fanno loro delle offerte per
ottenerne i favori, mentre accettano doni per riempire
i loro scrigni? Dio è l'eredità dei Suoi sacerdoti. Egli, il
Padre di Israele, è più di un Padre per loro e fornisce loro
il cibo, ed è giusto. Ma non più di ciò che è giusto. Egli
non ha promesso denaro e possedimenti ai Suoi servitori
del santuario. Nella vita eterna, essi possiederanno il
Paradiso per la loro giustizia, come Mosè, Elia, Giacobbe
e Abramo, ma in questo mondo essi non dovranno avere
che una veste di lino e un diadema di incorruttibile oro:
purezza e carità, e i loro corpi dovranno essere sottoposti
alle loro anime, che sono sottoposte al vero Dio, e il loro
corpi non dovranno essere padroni delle loro anime e
contro Dio.
Mi è stato chiesto su quale autorità faccio questo. E su
quale autorità essi violano l'ordine di Dio e permettono,
all'ombra delle sacre mura, l'usura verso i loro fratelli di
Israele, che sono venuti a obbedire all'ordine divino? Mi
è stato chiesto da quale scuola provengo e ho risposto:
'Dalla scuola di Dio'. Sì, Israele, Io provengo e vi riporterò
a quella santa e immutabile scuola.
Chi vuol conoscere la Luce, la Verità, la Via, chi vuol
ascoltare ancora una volta la voce di Dio che parla al
suo popolo, lasciate che venga da Me. Hai seguito Mosè
nel deserto, Israele. Segui Me, perché Io ti condurrò,

attraverso un deserto ben peggiore, alla vera Terra
benedetta. Su ordine di Dio, Io ti ci condurrò, attraverso
un mare aperto. Ti curerò da tutti i mali innalzando il
Mio Segno.
Il tempo della Grazia è arrivato. I profeti lo hanno atteso
e sono morti aspettandolo. I profeti lo hanno profetizzato
e sono morti in quella speranza. I giusti lo hanno
sognato e sono morti confortati da tale sogno. E' qui, ora.
Venite. 'Il Signore sta per giudicare il Suo popolo e avere
misericordia dei Suoi servitori', come Egli ha promesso
tramite Mosè. "
La gente che si affolla attorno a Gesù rimane ad
ascoltarlo a bocca aperta. Poi commentano le parole del
nuovo rabbino e fanno domande ai suoi compagni. Gesù
si reca in un altro cortile, separato dal primo solo da un
portico, e i Suoi amici Lo seguono.

Gesù Incontra Giuda Iscariota E Tommaso E Cura Simone Lo Zelota

E' sera, durante la Pasqua ebraica, e la città di Gerusalemme è affollata di pellegrini che si affrettano verso casa. Gesù, assieme ai Suoi sei discepoli, cammina verso la casa di campagna situata tra i fitti ulivi, dove alloggia come ospite. Giuda Taddeo, che aveva desiderato venire a Gerusalemme con Gesù, non è presente.

Dallo spiazzo rurale di fonte alla casa, una collina terrazzata ricoperta di ulivi si inclina verso un piccolo torrente che scorre attraverso una valle formata da due colline, in cima a una delle quali si trova il Tempio, mentre l'altra è coperta solo di ulivi. Gesù ha appena iniziato ad inerpicarsi sulla dolce pendenza della collina di ulivi quando un uomo anziano, probabilmente il fattore o il proprietario dell'oliveto, si avvicina al gruppo e si rivolge a Giovanni, in tono familiare.

"Giovanni, ci sono due uomini che aspettano il tuo amico."

"Dove sono? Chi sono? "

"Non lo so. Uno è certamente un Giudeo. L'altro... non so. Non gliel'ho chiesto."

"Dove sono?"

"In cucina, che aspettano, e... e... sì... c'è un altro uomo tutto pieno di piaghe. L'ho fatto rimanere laggiù, perché temo che possa essere un lebbroso. Dice che vuol vedere il Profeta Che ha parlato nel Tempio."

Gesù, che è rimasto in silenzio, dice: "Andiamo prima da lui. Dì agli altri di venire, se lo desiderano. Parlerò con loro lì, nell'oliveto." E si dirige verso il posto indicato dall'uomo.

"E noi? Cosa facciamo? " Chiede Pietro.

"Venite, se volete."

Un uomo, imbacuccato, è poggiato al muro rustico di sostegno della terrazza più vicina al confine della proprietà. Deve averlo raggiunto da un sentiero lungo il torrente. Quando vede Gesù avvicinarglisi, urla: "Torna indietro. Indietro! Abbi misericordia di me!" E si denuda il petto lasciando cadere la sua tunica sul terreno. Il suo volto è ricoperto di croste ma il suo torace è un'enorme piaga che in alcuni punti ha dato luogo a profonde ferite, alcune delle quali sembrano bruciature mentre altre sono bianchicce e lucide, come se fossero coperte da un sottile pannello di vetro bianco.

"Sei un lebbroso? Cosa vuoi da Me? "

"Non maledirmi! Non lapidarmi. Mi è stato detto che l'altra sera Tu Ti sei rivelato come la Voce di Dio e il Portatore della Grazia. Mi è anche stato detto che hai assicurato che elevando il Tuo Segno, Tu curerai tutte le malattie. Ti prego di elevarlo su di me. Sono venuto dai sepolcri... laggiù... ho strisciato come un serpente tra i

cespugli accanto al torrente per arrivare qui senza essere visto. Ho aspettato fino a sera prima di partire perché al crepuscolo è più difficile vedere chi sono. Ho avuto il coraggio... ho trovato quest'uomo, l'uomo della casa, è buono. Non mi ha ucciso. Ha solo detto: 'Aspetta laggiù, accanto al muretto.'" Abbi misericordia di me."

Gesù si avvicina al lebbroso ma i sei discepoli assieme al padrone e i due sconosciuti rimangono ben lontani e appaiono disgustati.

"Non ti avvicinare. Non farlo! Sono infetto!" Urla il lebbroso, ma Gesù si avvicina ancora di più. Guarda il lebbroso con tanta misericordia che l'uomo comincia a piangere e inginocchiandosi fin quasi a toccare terra con il volto, egli geme: "Il Tuo Segno! Il Tuo Segno!"

"Sarà elevato quando sarà ora. Ma ora ti dico: alzati. Guarisci. Io lo voglio. E sii il segno in questa città che deve riconoscermi. Alzati dico. E non peccare, senza gratitudine per Dio!" Lentamente, l'uomo si alza, sembrando emergere dall'alta erba fiorita come da un sudario... ed è guarito. Si guarda nell'ultima luce del giorno. Ed è guarito. Egli urla:

"Sono puro! Oh! Cosa posso fare per Te ora?"

"Devi obbedire alla Legge. Va' dal sacerdote. Sii buono in futuro. Vai."

L'uomo è sul punto di gettarsi ai piedi di Gesù, ma ricordandosi di non essere ancora puro secondo la Legge, si trattiene e invece Gli bacia la mano, lancia un bacio a Gesù e piange. Piange dalla gioia.

Gli altri sono ammutoliti.

Gesù si allontana dall'uomo guarito e li ridesta sorridendo. "Amici, era solo lebbra della carne. Ma voi vedrete la lebbra dei cuori. Siete voi che mi cercavate? " Chiede ai due sconosciuti... "Eccomi. Chi siete?"

"Ti abbiamo sentito l'altra sera... nel Tempio. Ti abbiamo cercato in città. Un uomo, che ha detto di essere un Tuo parente, ci ha detto che eri qui."

"Perché mi cercate?"

"Per seguirti, se ce lo permetterai, perché Tu hai parole di verità."

"Seguirmi? Ma voi sapete dove sto andando?"

"No, Maestro, ma certamente verso la gloria."

"Sì. Ma non una gloria di questo mondo. Sto andando verso una gloria che è nel Paradiso e che si conquista con la virtù e il sacrificio. Perché volete seguirmi?" Chiede loro ancora.

"Per prendere parte alla Tua gloria."

"Secondo il Paradiso?"

"Sì, secondo il Paradiso."

"Non tutti sono in grado di arrivarci perché Mammona tende più insidie a coloro che anelano al Paradiso che agli altri. E solo chi ha una gran forza di volontà può resistere. Perché seguirmi, se seguirmi significherà una continua lotta contro il nemico che è dentro di noi, contro il mondo ostile, e contro il Nemico che è Satana?"

"Perché questo è il desiderio delle nostre anime, che sono

state conquistate da Te. Tu sei santo e potente. Vogliamo essere Tuoi amici."

"Amici!" Gesù è silenzioso e sospira. Poi guarda colui che ha parlato e che ora si è tolto il cappuccio dalla testa, ed è a capo scoperto. "Chi sei tu? Parli meglio di un uomo del popolo."

"Sono Giuda, il figlio di Simone. Vengo da Kariot. Ma sono del Tempio. Aspetto e sogno il Re degli Ebrei. Ti ho sentito parlare come un re. Ho visto i Tuoi gesti regali. Portami con Te."

"Portarti? Ora? Subito? No."

"Perché no, Maestro?"

"Perché è meglio esaminare attentamente noi stessi prima di avventurarci in strade molto ripide."

"Non credi che io sia sincero?"

"Lo hai detto tu. Io credo nella tua impulsività. Ma non credo nella tua perseveranza. Pensaci, Giuda. Io sto partendo ora e tornerò per la Pentecoste. Se sarai al Tempio, Mi vedrai. Esamina te stesso. E tu chi sei? "

"Sono un altro che Ti ha visto. Vorrei seguirti. Ma ora sono spaventato. "

"No. La presunzione rovina la gente. La paura può essere un impedimento, ma è un aiuto quando deriva dall'umiltà. Non aver paura. Pensaci anche tu, e quando tornerò..."

"Maestro, Tu sei così santo! Io ho paura di non essere valido. Niente altro. Perché non dubito del mio amore..."

"Qual è il tuo nome?"

"Tommaso, di Didimo. "

"Mi ricorderò il tuo nome. Andate in pace."

Gesù si congeda da loro e si reca nella casa che lo ospita per la cena.

I sei discepoli con Lui vogliono sapere molte cose. "Perché, Maestro, perché li hai trattati in maniera diversa? Perché c'era una differenza. Entrambi avevano la stessa impulsività..." Chiede Giovanni.

"Amico, la stessa impulsività può avere un sapore differente e avere un diverso effetto. Entrambi avevano certamente la stessa impulsività. Ma non avevano lo stesso obiettivo. E colui che appare meno perfetto è, in realtà, più perfetto, perché non ha incentivo verso la gloria umana. Lui Mi ama perché Mi ama. "

"E così anch'io."

"E anch'io. ", "Ed io.", "Ed io.", "Ed io.", "Ed io."

"Lo so. Vi conosco per come siete. "

"Allora siamo perfetti? "

"Oh! No! Ma, come Tommaso, diventerete perfetti se sarete perseveranti nel vostro desiderio di amare. Perfetti?! Oh! Amici! E chi è perfetto all'infuori di Dio? "

"Tu lo sei! "

"Io vi dico solennemente che non sono perfetto da solo, se pensate che Io sia un profeta. Nessun uomo è perfetto.

Ma Io sono perfetto perché Colui che vi parla è la Parola del Padre: parte di Dio. Il Suo pensiero che diventa Parola. Io ho la Perfezione dentro di Me. E voi dovete credere che Io sia tale se credete che Io sia la Parola del Padre. Tuttavia, amici, Io voglio essere chiamato il Figlio dell'uomo perché Io mi abbasso caricando su Me stesso tutte le miserie dell'uomo, per sopportarle come mio primo patibolo, e cancellarle, dopo averle sopportate, senza soffrire Io stesso per esse. Quale fardello, amici! Ma lo porto con gioia. E' una gioia per portarlo, perché, poiché sono il Figlio dell'umanità, Io renderò ancora volta l'umanità figlia di Dio. Com'era nel principio. "

I sei discepoli, Gesù e il Padrone, sono seduti alla stessa distanza ad un tavolo lungo e stretto, in una cucina poco illuminata con scuri muri fumosi. La stanza è tenuamente illuminata da una piccola lampada ad olio sul tavolo rustico che rivela i volti di coloro che vi sono seduti intorno e gli sgabelli a tre gambe, veri mobili di campagna, su cui sono tutti seduti.

Gesù parla con molta gentilezza, seduto al modesto tavolo, gesticolando con calma con le mani sul tavolo, la testa leggermente inclinata da un lato, il volto illuminato dal basso da una piccola lampada a olio posta sul tavolo. Sorride gentilmente, Egli Che, poco prima, è stato un Maestro così solenne nel suo portamento, è ora amichevole nei Suoi gesti. I Suoi discepoli Lo ascoltano da vicino.

"Maestro... perché Tuo cugino non è venuto, sebbene sappia dove vivi?"

"Mio Pietro!... Tu sarai una delle Mie pietre, la prima. Ma non tutte le pietre possono essere facilmente adoperate.

Hai visto i blocchi di marmo nell'edificio Pretorio? Con dura fatica essi furono tirati via dal cuore del fianco della montagna, ed ora sono parte del Pretorio. Guarda invece quelle pietre laggiù che risplendono al chiaro di luna, nell'acqua del Cedron. Sono arrivate da sole nel letto del fiume, e se qualcuno vuol prenderle, esse non oppongono alcuna resistenza. Mio cugino è come le prime pietre di cui parlo... Il cuore del fianco della montagna: la sua famiglia lo contende con me. "

"Ma io voglio essere esattamente come le pietre nel torrente. Sono piuttosto preparato a lasciare tutto per Te: casa, moglie, pesca, fratelli. Tutto, Rabbino, per Te. "

"Lo so, Pietro. E' per questo che ti voglio bene. Anche Giuda verrà. "

"Chi? Giuda di Kariot? Non mi importa di lui. E' un giovane vanesio, ma... Io preferisco... Personalmente preferisco..." Tutti ridono all'affermazione spiritosa di Pietro. "... Non c'è proprio nulla da ridere. Voglio dire che preferisco un Galileo sincero, un rozzo pescatore, ma senza alcun inganno per... per i cittadini che... non so... ecco: il Maestro sa cosa intendo. "

"Sì, lo so. Ma non giudicare. Abbiamo bisogno ognuno dell'altro, in questo mondo; i buoni sono misti ai cattivi, proprio come fiori in un campo. La cicuta cresce accanto alla salutare malva. "

"Vorrei chiedere una cosa..."

"Cosa, Andrea? "

"Giovanni mi ha detto del miracolo che hai fatto a Cana... speravamo tanto che ne avresti fatto uno a Cafarnao...

e Tu hai detto che non farai alcun miracolo prima di adempiere alla Legge. Perché Cana allora? E perché non nella tua terra natia? "

"Obbedire alla Legge è essere unito a Dio e ciò aumenta le nostre capacità. Un miracolo è la prova dell'unione con Dio, come anche della presenza benevola e consenziente di Dio. Ecco perché volevo compiere il Mio dovere di Israelita, prima di cominciare la serie di miracoli. "

"Ma Tu non eri obbligato a obbedire alla Legge. "

"Perché? Come Figlio di Dio, non lo ero. Ma come figlio della Legge, sì, lo ero. Per il momento, Israele Mi conosce solo in quanto tale... e, anche dopo, quasi tutti in Israele Mi conosceranno come tale, anzi, anche meno. Ma io non voglio scandalizzare Israele e pertanto obbedisco alla Legge. "

"Tu sei santo. "

"La santità non esclude l'obbedienza. Né rende l'obbedienza perfetta. Al di là di tutto il resto, c'è un buon esempio da dare. Cosa diresti di un padre, di un fratello maggiore, di un insegnante, di un sacerdote che non abbiano dato il buon esempio? "

"E per quanto riguarda Cana? "

"Cana era per far felice Mia Madre. Cana è l'anticipo dovuto a Mia Madre. Ella anticipa la Grazia. Qui Io onoro la Città Santa, rendendola, pubblicamente, il punto di partenza del Mio potere di Messia. Ma lì, a Cana, io ho reso onore alla Santa Madre di Dio, Piena di Grazia. Il mondo Mi ha ricevuto attraverso di Lei. E' semplicemente giusto che il Mio primo miracolo nel mondo sia per Lei. "

Si sente bussare alla porta, poi Tommaso, di ritorno, entra e si getta ai piedi di Gesù.

Maestro... non posso aspettare il Tuo ritorno. Lasciami venire con Te. Sono pieno di colpe, ma ho il mio amore, il mio unico vero grande tesoro. E' Tuo, è per Te. Lasciami venire, Maestro..."

Gesù posa la mano sulla testa di Tommaso. "Puoi restare, Didimo. Seguimi. Siano benedetti coloro che sono sinceri e perseveranti nella loro volontà. Siete tutti benedetti. Siete più che parenti per Me, perché voi siete Miei figli e Miei fratelli, non di sangue, che muore, ma per la volontà di Dio e per i vostri desideri spirituali. Ora vi dico che non ho parenti più stretti di coloro che compiono la volontà di Mio Padre, e voi lo fate perché ciò che volete è bene. "

Tommaso Diventa Discepolo

"Alzati, amico Mio. Hai già cenato? " dice Gesù a Tommaso, muovendo la mano dalla testa alla spalla di Tommaso.

"No, Maestro. Ho camminato per qualche metro con l'altro amico che era con me, poi l'ho lasciato e sono tornato dicendo che volevo parlare al lebbroso guarito... l'ho detto perché pensavo che avrebbe disprezzato di avvicinarsi a un uomo impuro. Avevo ragione. Ma volevo vedere Te, non il lebbroso... volevo dirti: "Per favore prendi me"... ho camminato su e giù per l'oliveto finché un giovane mi ha chiesto cosa stessi facendo. Deve aver pensato che avessi cattive intenzioni. Era vicino a una colonna, al confine dell'oliveto."

"E' mio figlio... " spiega il padrone, sorridendo"... E' di guardia al frantoio. Nelle caverne sotto il frantoio, abbiamo ancora quasi tutto il raccolto dell'anno. E' stato molto buono e abbiamo ricavato tanto olio. E quando c'è molta gente intorno, i ladri si radunano sempre per saccheggiare luoghi non sorvegliati. Otto anni fa, solo al Parasceve, ci rubarono tutto. Da allora vigiliamo attentamente, una notte ciascuno. Sua madre è andata a portargli la cena."

"Beh, mi ha chiesto: 'Cosa vuoi?', e mi ha parlato in un tono tale che per salvare la mia schiena dal suo bastone, ho subito risposto: 'Sto cercando il Maestro che vive qui'. Allora ha risposto: 'Se dici la verità, vieni a casa'. E mi ha portato qui. E' stato lui a bussare alla porta e non è andato via finché non ha sentito le mie prime parole."

"Vivi lontano?"

"Vivo dall'altra parte della città, vicino alla Porta Orientale..."

"Sei solo?"

"Ero con alcuni parenti. Ma sono andati a stare con altri

39

parenti sulla strada per Betlemme. Io sono rimasto qui a
cercarti giorno e notte, finché non Ti ho trovato." Gesù
sorride e dice: "Allora nessuno ti sta aspettando?"
"No, Maestro."
"E' lontano, è notte fonda, le pattuglie romane girano per
la città. Io ti dico: resta con noi, se vuoi."
"Oh! Maestro!" esclama Tommaso, felice.
"Fategli posto. E ciascuno di noi darà qualcosa al nostro
fratello." Gesù gli porge la porzione di formaggio che ha di
fronte e spiega a Tommaso: "Noi siamo poveri e la nostra
cena è quasi finita. Ma c'è tanto cuore in chi dona. " E
dice a Giovanni che è seduto accanto a Lui: "Lascia il tuo
posto al nostro amico."
Giovanni si alza immediatamente e si siede all'estremità
del tavolo accanto al padrone.
"Siediti, Tommaso, e mangia. " E poi dice a tutti loro: "Vi
comporterete sempre così, amici, secondo la legge della
carità. Un pellegrino è già protetto dalla legge di Dio. Ma
ora, nel Mio nome, dovete amarlo ancora di più. Quando
chiunque vi chiede del pane, una goccia d'acqua o un
rifugio nel nome di Dio, dovete donarglielo nello stesso
nome. E riceverete la vostra ricompensa da Dio. Dovete
comportarvi così con tutti. Anche con i vostri nemici. E
questa è la nuova Legge. Finora vi è stato detto: 'Amate
coloro che vi amano e odiate i vostri nemici.' Io dico:
'Amate anche coloro che vi odiano.' Oh! Se solo voi
sapeste quanto sarete amati da Dio, se amerete come vi
sto dicendo! E quando chiunque dice: 'Voglio essere un
tuo compagno nel servire il vero Signore Dio e nel seguire
il Suo Agnello', allora egli dovrà esservi più caro di un
fratello di sangue, perché voi sarete uniti da un legame
eterno: il legame di Cristo."
"Ma se viene qualcuno che non è sincero? E' facile dire:
'Voglio fare questo o quello.' Ma le parole non sempre

corrispondono alla verità" dice Pietro, in qualche modo irritato e manifestamente non nel suo solito tono gioviale. "Pietro, ascolta. Ciò che dici è sensibile e giusto. Ma, vedi: è meglio eccedere nella bontà e nella fiducia che nella sfiducia e nella durezza. Se tu aiuti una persona non meritevole, quale male ti causerebbe? Nessuno. Anzi, la ricompensa di Dio sarà sempre valida per te, mentre la persona sarà colpevole di tradire le tua fiducia."

"Nessun male? Eh! Molto spesso una persona indegna non è soddisfatta dell'ingratitudine, ma va ben oltre, anche all'estremo di rovinare la reputazione, la ricchezza e la vita stessa di qualcuno."

"E' vero. Ma ciò diminuirebbe i tuoi meriti? No. Anche se tutto il mondo credesse alla calunnia, anche se diventassi più povero di Giobbe, anche se la persona crudele ti togliesse la vita, cosa cambierebbe agli occhi di Dio?

Nulla. Anzi, qualcosa cambierebbe, ma a tuo vantaggio perché Dio aggiungerebbe i meriti del tuo martirio intellettuale, finanziario e fisico ai meriti della tua bontà."

"Benissimo! Forse è così. " concorda Pietro e, tenendo ancora il broncio, si tiene la testa con la mano. Gesù si rivolge a Tommaso: "Mio Amico, prima, nell'oliveto, ti ho detto: 'Quando tornerò qui, se ancora lo vorrai, diventerai uno dei Miei discepoli.' Ora ti dico: 'Vuoi fare un favore a Gesù?'"

"Assolutamente."

"E se questo favore dovesse costarti qualche sacrificio?"

"Non c'è nessun sacrificio nel servirti. Cosa desideri?"

"Volevo dire... ma tu potresti avere delle faccende, degli affetti..."

"Nessuno, nessuno! Io ho Te! Dimmi."

"Ascolta! Domani all'alba il lebbroso lascerà i sepolcri per cercare qualcuno che informi il sacerdote. Tu sarai il

primo ad andare ai sepolcri. E' carità. E griderai: 'Vieni
fuori, tu, che sei stato purificato ieri. Mi manda Gesù di
Nazaret, il Messia di Israele, Colui che ti ha purificato.'
Lascia che il mondo dei 'morti viventi' conosca il Mio
nome, lascia che fremano di speranza, e lascia che
vengano a Me coloro che avranno fede, oltre alla
speranza, che Io possa guarirli. E' la prima forma di
purezza che Io porto, la prima forma della resurrezione,
di cui sono il signore. Un giorno Io concederò una
purezza più grande... Un giorno le tombe sigillate
espelleranno violentemente coloro che sono già morti, ed
essi appariranno e rideranno con i loro occhi vuoti, con le
loro mascelle scoperte, per il giubilo delle anime liberate
dal Limbo, un giubilo lontano ma percepito anche dagli
scheletri. Essi sembreranno ridere per questa liberazione
e fremere sapendo che è dovuto a... Vai! Egli verrà da te.
Fai ciò che ti chiederà di fare; assistilo in tutto, come se
fosse tuo fratello, e digli anche: 'Quando sarai
completamente purificato, andremo insieme lungo la
strada del fiume, oltre Doco ed Efraim. Gesù, il Maestro,
ci aspetterà per dirci in cosa dobbiamo servirlo.'"
"Lo farò. E l'altro?"
"Chi? L'Iscariota?"
"Sì, Maestro."
"Il consiglio che gli ho dato è ancora valido. Lascia che
decida da solo e lascia che si prenda del tempo. Anzi,
evita di incontrarlo. Io sarò con il lebbroso. Solo i lebbrosi
vagano nella valle dei sepolcri e coloro che che sono
pietosamente a contatto con loro. "
Pietro borbotta qualcosa. Gesù lo sente. "Cosa c'è, Pietro?
Tu o ti lamenti o sei silenzioso. Sembri scontento.
Perché?"
"Sono scontento. Noi siamo stati i primi e Tu non hai
fatto un miracolo per noi. Noi siamo stati i primi e Tu hai

lasciato che un estraneo si sedesse accanto a Te. Noi
siamo stati i primi e Tu affidi a lui, e non a noi, un
compito. Noi siamo stati i primi e... ancora, sì,
sembriamo essere gli ultimi. Perché stai andando ad
aspettarli sulla strada accanto al fiume? Di certo per
affidare loro qualche missione. Perché loro e non noi?"
Gesù guarda Pietro e gli sorride come ad un bambino. Si
alza, cammina lentamente verso Pietro e, sorridendo, gli
dice: "Pietro! Pietro! Tu sei un grande, vecchio bambino!"
Poi, rivolgendosi ad Andrea che era accanto a suo
fratello, Gesù dice "Vai a sederti al mio posto." Allora
Gesùsi siede accanto a Pietro, cingendogli le spalle con il
suo braccio e stringendolo alla sua spalla, e dice "Pietro,
tu pensi che io sia ingiusto, ma non lo sono. Al contrario
è una prova del fatto che Io sappia quanto vali. Guarda.
Chi ha bisogno di prove? Colui che è incerto. Io sapevo
che tu eri così certo di Me, che non ho sentito alcun
bisogno di darti prova del Mio potere. Le prove sono
necessarie qui a Gerusalemme, dove le anime sono state
dominate a tal punto da vizi, irreligiosità, politica e molti
aspetti terreni, che non sono più in grado di vedere la
Luce che passa loro accanto. Ma lassù, sul nostro bel
lago, così chiaro sotto un cielo terso, tra la gente onesta e
di buona volontà, non è richiesta alcuna prova. Tu avrai
dei miracoli. Io riverserò torrenti di grazie su di te. Ma
considera quanto ti ho stimato, ti ho preso senza
richiedere alcuna prova e senza ritenere necessario
dartene, perché so chi sei. Tu Mi sei così caro, così caro e
così fedele."
Pietro si risolleva: "Perdonami, Gesù. "
"Sì, ti perdono perché la tua scontrosità è un segno
d'amore. Ma non essere più invidioso, Simone di Giona.
Sai com'è il cuore di Gesù? Hai mai visto il mare, il mare
vero? L'hai visto? Bene. il Mio cuore è più grande del

mare immenso! E c'è posto per tutti. Per tutta l'umanità. E la persona più piccola ha un posto proprio come la più grande. E un peccatore trova amore proprio come un innocente. Sto affidando a loro una missione. Certamente. Vuoi impedirmelo? Io vi ho scelto. Non avete scelto voi. Pertanto sono libero di decidere come impiegarvi. E se li lascio qui con una missione – che potrebbe benissimo essere una prova, come il tempo concesso all'Iscariota potrebbe essere dovuto alla misericordia – puoi rimproverarmi? Come puoi sapere che Io non stia riservando a te una missione più grande? E non è la più bella missione sentirsi dire: 'Io verrò con Te'?"

"E' vero. Sono una testa di legno! Perdonami..."

"Sì. Io perdono tutto. Oh! Pietro!... Ma vi chiedo di non discutere mai meriti e posizioni. Avrei potuto nascere re. Sono nato povero, in una stalla. Avrei potuto essere ricco. Ho vissuto del Mio lavoro e ora vivo di carità. Ma credetemi, amici, non c'è nessuno più grande di Me agli occhi di Dio. Più grande di Me, Che sono qui: il servitore dell'uomo."

"Tu un servitore? Mai!"

"Perché no, Pietro?"

"Perché io servirò Te."

"Anche se Mi servissi come una madre serve suo figlio, Io sono venuto a servire l'uomo. Sarò un Salvatore per lui. Esiste un servizio come questo?"

"Oh! Maestro! Tu spieghi tutto. E ciò che sembrava buio diventa subito luminoso!"

"Sei felice ora, Pietro? Ora lasciami finire di parlare con Tommaso. Sei sicuro che riconoscerai il lebbroso? E' l'unico guarito, ma potrebbe essere già partito al chiarore delle stelle, per trovare un viaggiatore mattutino. E qualcuno, ansioso di entrare in città e vedere i suoi

parenti, potrebbe forse prendere il suo posto. Ascolta la
sua descrizione. Io ero accanto a lui e l'ho visto bene al
crepuscolo. E' alto e magro. Di carnagione scura, come
un meticcio, occhi molto profondi e scuri con sopracciglia
bianche come la neve, capelli bianchi come come
biancheria e un po' ricci, e un lungo naso schiacciato
come quello dei libici, due labbra spesse e pronunciate,
in particolare il labbro inferiore. E' così olivastro che le
sue labbra tendono al viola. Ha una vecchia cicatrice
sulla fronte e sarà l'unica macchia, ora che è stato
ripulito dalle croste e dallo sporco."
Dev'essere vecchio. se è tutto incanutito."
"No, Filippo. Sembra vecchio, ma non lo è. La lebbra lo
ha reso canuto."
"Cos'è? Un meticcio?"
"Forse, Pietro. Sembra un africano."
Sarà un israelita, allora?"
"Lo vedremo. Ma supponi che non lo sia?"
"Eh! Se non lo fosse, andrebbe via. E' già fortunato a
meritare di essere guarito."
"No, Pietro. Anche se è un idolatra, non lo manderò via.
Gesù è venuto per tutti. E Io vi dico solennemente che la
gente che vive nel buio supererà i figli della gente della
Luce... "
Gesù sospira, si alza e ringrazia il Padre con un inno, poi
benedice tutti.

Giuda Di Alfeo, Tommaso E Simone Sono Accettati Come Discepoli Al Giordano

Siamo di nuovo sulle splendide rive del fiume Giordano, che echeggia la solenne pace blu-verdastra delle sue acque che scorrono piano e dei suoi rami frondosi come una dolce melodia. Il flusso dell'acqua è così tenue che si ode solo il fruscio dei canneti lungo il letto di ghiaia, il sollevarsi e l'abbassarsi delle lunghe foglie a nastro delle canne, che si immergono e oscillano nell'acqua e il lieve sfioramento e pettinatura del sottile, flessibile fogliame verde di un gruppo di salici, che le tira delicatamente sulla superficie dell'acqua.

La pace e la tranquillità di questa prima mattina è interrotta solo dal canto degli uccelli e dal fruscio dell'acqua e delle foglie. Gocce di rugiada brillano sull'alta erba verde tra gli alberi, erba che è cresciuta solo di recente dopo le ultime fertilizzanti piogge di primavera.

Su una strada militare romana ben tenuta che percorre varie regioni fino alla capitale, separata dal fiume Giordano da un terreno boscoso che serve a consolidare le rive del fiume e a trattenere l'acqua nei periodi di piena. Il bosco prosegue anche dall'altra parte della strada in modo tale che la strada sembri un tunnel con un tetto di rami frondosi intrecciati che danno una protezione accogliente ai viaggiatori a piedi, nel clima caldo.

In un punto il fiume forma un'ampia curva, seguito anche dalla strada, e così l'argine frondoso sembra un'enorme barriera verde che racchiude un bacino di acque ancora più placide, dandogli l'aspetto di un lago in un parco lussuoso.

In mezzo alla curva, tre viaggiatori a piedi, Tommaso, Giuda Taddeo e il lebbroso guarito, Simone, sono fermi ad aspettare. Guardano ansiosi verso nord verso Samaria e poi in basso a sud, verso Gerusalemme. E sembrano ansiosi, in attesa tra gli alberi e parlano tra di loro.

"Vedete qualcosa?"

"Io no."

"Nemmeno io."

"Comunque il posto è questo."

"Sei sicuro?"

"Sono sicuro, Simone. Uno dei sei mi ha detto, quando il maestro stava andando via nel clamore della folla, dopo la guarigione di un mendicante storpio alla Porta del Pesce: 'Ora usciamo da Gerusalemme. Aspettateci a cinque miglia tra Gerico e Doco, alla curva del fiume, lungo la strada nel bosco.' Questa. Ha detto anche: 'Saremo lì tra tre giorni all'alba.' Questo è il terzo giorno, e siamo arrivati prima dell'alba."

"Arriverà? Forse avremmo dovuto seguirlo da Gerusalemme."

"Non ti era ancora permesso di mescolarti alle folle, Simone."

"Se mio cugino ti ha detto di venire qui, verrà certamente qui. Manterrà sempre le promesse. Possiamo solo aspettare."

"Sei stato sempre con Lui?"

"Sì, sempre. Da quando è tornato a Nazaret, è stato un mio buon amico. Eravamo sempre insieme. Abbiamo quasi la stessa età, io sono un po' più grande. Ed ero il preferito di Suo padre, che era il fratello di mio padre. Anche Sua madre mi voleva molto bene. Sono cresciuto più con Lei che con mia madre."

"Ti voleva bene... non ti vuole più bene ora?"

"Oh! Sì. Ma ci siamo un po' allontanati da quando è diventato un profeta. I miei parenti non ne sono felici."

"Quali parenti?"

"Mio padre e i due fratelli più grandi. L'altro è indeciso... mio padre è molto anziano e io non ho avuto il coraggio di fargli del male. Ma ora... Ora, non è più così. Ora andrò dove il mio cuore e la mia mente mi diranno. Andrò da Gesù. Non credo di offendere la legge in questo modo. In ogni caso... se ciò che voglio fare non fosse giusto, Gesù me lo direbbe. Farò ciò che dice. E' giusto che un padre impedisca a suo figlio di fare del bene? Se io sento che la mia salvezza è là, perché impedirmi di raggiungerla? Perché, a volte, i nostri padri sono nostri nemici?"

Simone sospira, come se fosse sopraffatto da ricordi tristi, e abbassa la testa, ma non parla.

"Io ho già superato l'ostacolo..." dice Tommaso. "... Mio padre mi ha ascoltato e mi ha capito. Mi ha benedetto e ha detto 'Vai. Che questa Pasqua sia per te la liberazione dalla schiavitù dell'attesa. Tu sei fortunato perché riesci a credere. Io aspetterò. Ma se è davvero "Lui", e tu lo scoprirai seguendolo, allora vieni a dire al tuo vecchio padre: "Vieni, Israele ha l'Atteso"'. "

"Sei più fortunato di me. E noi abbiamo sempre vissuto accanto a Lui! E noi, nella famiglia, non crediamo!... Diciamo, cioè dicono: 'E' impazzito!'"

"Là, là c'è un gruppo di persone" urla Simone. "E' Lui, è

Lui! Lo riconosco dalla testa bionda! Oh! Venite! Corriamo!" Cominciano a camminare velocemente verso sud. Quando raggiungono il centro della curva, gli alberi coprono il resto della strada, in maniera tale che i due gruppi si incontrano, trovandosi faccia a faccia inaspettatamente. Gesù sembra provenire dal fiume, perché è tra gli alberi sulla riva.

"Maestro!" "Gesù!" "Mio Signore!"

I tre gridi del discepolo, del cugino e del lebbroso curato sono pieni di gioia e venerazione.

"Pace a voi!" Giunge la meravigliosa, inconfondibile, piena, risonante, calma, espressiva, chiara, virile, dolce e incisiva voce del Maestro! "Anche tu Giuda, Mio cugino, sei qui?"

Si abbracciano. Giuda sta piangendo.

"Perché stai piangendo?"

"Oh! Gesù! Voglio stare con Te!"

"Ti ho aspettato tutto il tempo. Perché non sei venuto?"

Giuda abbassa la testa e rimane in silenzio.

"Non te l'hanno permesso! E ora?"

"Gesù, io... io non posso obbedire a loro.. Voglio obbedire solo a Te."

"Ma io non ti ho dato un ordine."

"No, Tu non l'hai fatto. Ma è la Tua missione che lo dà! E' Colui Che Ti ha mandato, Che sta parlando qui, nel mio cuore, e mi dice: 'Va' da Lui'. E' Lei, che ti ha dato alla luce, la mia dolce insegnante, Che con il Suo sguardo gentile, tenero come quello di una colomba, mi dice senza proferir parola: 'Stai con Gesù!'. Posso ignorare quella voce paradisiaca che mi trafigge il cuore? Posso ignorare le preghiere di una Donna così Santa, Che mi implora per il mio stesso bene? Solo perché sono Tuo cugino dalla parte di Giuseppe, non devo riconoscerti per ciò che sei, mentre il Battista Ti ha riconosciuto, benché non Ti

avesse mai visto, qui, sulle rive di questo fiume e Ti ha
salutato come l'Agnello di Dio? Ed io, non dovrei essere
capace di niente, sebbene sia stato allevato con Te, ed ero
buono perché Ti ho seguito, e sono diventato un figlio
della Legge grazie a Tua Madre, da Cui ho imparato non
solo i seicentotredici precetti dei rabbini, oltre alla
Scritture e alle preghiere, ma anche l'essenza di tutti
loro?"
"E tuo padre?"
"Mio padre? Non gli manca pane e assistenza, e allora...
tu mi hai dato l'esempio. Hai pensato al bene della gente,
piuttosto che al piccolo vantaggio per Maria. Ed Ella è
sola. Dimmi, Maestro, non è giusto che un figlio dica a
suo padre, senza mancare di rispetto: 'Padre, io ti amo.
Ma Dio è al sopra di te ed io Lo seguirò'?"
"Giuda, Mio cugino e Mio amico, Io ti dico: tu hai fatto
buoni progressi nel cammino verso la Luce. Vieni. E'
legittimo parlare in questo modo a un padre, quando è
Dio Che chiama. Non c'è niente al di sopra di Dio. Anche
le leggi di parentela vengono meno, nel senso che sono
elevate a una dignità, perché con le nostre lacrime, noi
doniamo ai nostri padri e alle nostre madri un aiuto più
grande e per qualcosa che dura per sempre, non solo per
il breve tempo di questo mondo. Li portiamo con noi al
Paradiso sacrificando i nostri affetti, a Dio. Allora, Giuda,
resta qui. Ti ho aspettato e sono felice di averti con me,
l'amico della Mia vita a Nazaret."
Giuda è commosso...
Gesù si rivolge a Tommaso: "Tu hai obbedito fedelmente.
Questa è la prima virtù di un discepolo."
"Sono venuto perché volevo esserti fedele."
"E lo sarai. Te lo dico io. E tu, che ti nascondi
timidamente nell'ombra, vieni qui. Non aver paura."
"Mio Signore!" E Simone si getta ai piedi di Gesù.

"Alzati. Il tuo nome?"

"Simone."

"La tua famiglia?"

"Mio Signore... era potente... anch'io ero potente... Ma un aspro odio fazioso... ed errori di gioventù ne hanno leso il potere. Mio padre... Oh! Devo parlar male di lui, che mi ha provocato tante lacrime terrene! Tu vedi, hai visto il dono che mi ha fatto."

"Era un lebbroso?"

"No. Né lo ero io. Ma soffriva di un'altra malattia che noi in Israele associamo a varie forme di lebbra. Egli... la sua casta allora era trionfante; egli ha vissuto ed è morto da uomo potente, a casa. Io... se Tu non mi avessi salvato, sarei morto nella valle dei sepolcri."

"Sei solo?"

"Sì. Ho un servitore fedele che si prende cura della proprietà rimasta. L'ho fatto avvisare."

"E tua madre?"

"Ella... è morta." E Simone sembra in imbarazzo. Gesù lo osserva attentamente. "Simone, tu Mi hai chiesto: 'Cosa devo fare per Te?' Ora ti dico: 'Seguimi'."

"Lo farò, subito, mio Signore... Ma... Ma io... lasciami dire una cosa. Io sono, io ero chiamato 'Zelota' per la casta, e 'Cananeo' per mia madre. Vedi. Sono di carnagione scura. Nelle mie vene scorre il sangue di una schiava. Mio padre non ha avuto figli da sua madre, e mi ha avuto da una ragazza schiava. Sua madre era una buona donna e mi ha cresciuto come se fossi il suo vero figlio e si è presa cura di me, nelle mie infinite malattie, fino alla sua morte..."

"Non esistono schiavi o uomini liberi agli occhi di Dio. Esiste solo una schiavitù ai suoi occhi: il peccato. E io sono venuto ad eliminarlo. Sto chiamando tutti, perché il Regno è per tutti gli uomini. Sei un uomo istruito?"

"Sì. Avevo anche la mia posizione tra la gente importante, finché la mia malattia è rimasta nascosta sotto i miei vestiti. Ma quando si è diffusa sul mio volto... I miei nemici allora non potevano credere di esser riusciti, alla fine, a confinarmi tra i 'morti', sebbene un dottore romano di Cesarea, quando l'ho consultato, mi abbia detto che non era vera lebbra, ma serpigine* ereditaria, che avrei diffuso solo tramite procreazione. E' possibile che io non maledica mio padre? "

* tricofizia

"Non devi maledirlo. Egli ti ha causato ogni genere di problema... "

"Sì! Era uno sprecone, un vizioso, crudele, insensibile uomo senza alcun amore. Mi ha privato della salute, mi ha negato amore e pace, mi ha segnato con un nome vergognoso e con una malattia che è un marchio di infamia... Voleva tutto per se stesso, anche il futuro di suo figlio. Mi ha privato di tutto, anche della gioia di essere padre."

"E' per questo che Ti dico: 'Seguimi'. Come Mio seguace troverai padre e figlio. Guarda in alto, Simone. Lassù, il Vero Padre ti sta sorridendo. Guarda il grande mondo, i continenti, le nazioni: ci sono tantissimi bambini, ovunque; figli delle anime per i senza figli. Ti stanno aspettando, e anche molti altri come te stanno aspettando. Non ci sono trovatelli sotto il Mio Segno. Non c'è solitudine, non c'è differenza nel Mio Segno. E' un segno di amore, e dona amore. Vieni, Mio Simone senza figli. Vieni, Giuda, che stai perdendo Tuo padre per Me. Mi unisco a te nello stesso destino."

Sono entrambi accanto a Lui ed Egli tiene le mani sulle loro spalle come se si stesse impossessando di loro e stesse ponendo su di loro lo stesso giogo. "E vi unisco insieme..." Dice "... Ma ora vi separerò. Simone, tu resterai qui con Tommaso. Preparerai con lui la strada per il Mio ritorno. Tornerò presto, e voglio che la gente Mi aspetti. Dite ai malati che Colui Che può curare le loro malattie sta per arrivare qui: potete certamente dirglielo. Dite a coloro che aspettano, che il Messia è tra la Sua gente. Dite ai peccatori che Colui Che perdona è venuto a dar loro la forza di sollevarsi..."

"Saremo capaci di farlo?"

"Sì, lo sarete. Tutto ciò che dovrete dire è: 'E' arrivato. Egli vi chiama. Egli vi sta aspettando. E' venuto a concedervi grazie. Venite a vederlo', e a queste parole, aggiungete un resoconto di ciò che sapete. E tu, Giuda, Mio cugino, vieni con Me e con loro. Ma starete a Nazaret."

"Perché, Gesù? "

"Perché voi dovete preparare il Mio cammino nella Mia terra natale. Pensate che sia una piccola missione? Posso dirvi che non ne esiste una più difficile..." Gesù sospira.

"E ci riuscirò?"

"Sì e no. Ma sarà sufficiente ad essere giustificati."

"Giustificati di cosa? E con chi? "

"Con Dio. Con la tua terra natale. Con la tua famiglia. Non potranno rimproverarci, perché abbiamo offerto cose buone: e se la terra natale e la famiglia disdegneranno la nostra offerta, non saremo rimproverati per la loro perdita."

"E noi?"

"Tu, Pietro? Tu tornerai alle tue reti da pesca."

"Perché?"

"Perché ti insegnerò lentamente e ti porterò con Me, quando troverò che sei pronto."

"Ma ti vedremo, allora?"

"Certamente. Verrò spesso a trovarvi, o vi farò avvisare quando sarò a Cafarnao. Ora, salutiamoci, amici, e andiamo. Vi benedico, voi che restate qui. Che la Mia pace sia con voi."

Ritorno A Nazaret Dopo La Pasqua Con I Sei Discepoli

Gesù sta tornando a casa a Nazaret accompagnato da Suo cugino, Giuda Taddeo, e dai Suoi sei discepoli. Dalla cima della collina su cui si trovano, essi scorgono il bianco villaggio in mezzo al verde degli alberi, con le sue case sparse su e giù per i pendii dolcemente ondulati, che scende leggermente in alcuni punti ed è più scoscesa in altre.

"Eccoci, amici. Quella è la Mia casa. Mia Madre è a casa perché c'è del fumo che esce dalla casa. Forse sta cucinando. Non vi chiederò di restare con Me, perché immagino che sarete ansiosi di tornare alle vostre case. Ma se volete dividere con Me il Mio pane e incontrare Mia Madre, Che Giovanni ha già incontrato, allora vi dico: 'Venite'."

I sei discepoli, che erano ancora tristi per l'imminente separazione, si rincuorano tutti e accettano l'invito con entusiasmo.

"Andiamo, allora."

Discendono rapidamente dalla collinetta e si dirigono verso la strada principale. L'aria è ancora calda, ma il giorno è diventato sera e le ombre della sera scendono sulla campagna, dove il raccolto sta cominciando a maturare.

Entrando nel villaggio, ci sono donne che vanno e vengono tra la fontana e le loro case. Uomini fermi sulla soglia delle loro botteghe o che lavorano nei loro orti salutano Gesù e Giuda mentre passano e i bambini circondano Gesù e chiacchierano:

"Sei tornato?"

"Starai qui, ora? "

"La ruota del mio carretto si è rotta di nuovo."

"Sai, Gesù. Ho una nuova sorellina, e l'hanno chiamata Maria."

"Il maestro mi ha detto che ho imparato tutto e che sono un vero figlio della Legge."

"Sara non è qui, perché sua madre è molto malata. Piange, perché è preoccupata. "

"Mio fratello Isacco si è sposato. Abbiamo fatto una bella festa."

Gesù ascolta, accarezza, loda, promette il Suo aiuto.

E così raggiungono la casa. Maria sta già aspettando alla porta, poiché è stata avvisata da un amabile ragazzo.

"Figliolo!"

"Madre "

E Madre e Figlio sono uno nelle braccia dell'altra. Maria, che è più bassa di Gesù, è appoggiata con la testa sul torace di Suo Figlio, stretta nelle Sue braccia. Egli bacia i Suoi capelli biondi.

Poi entrano in casa.

I discepoli, incluso Giuda, restano fuori, per concedere a Gesù a Maria qualche momento di privacy.

"Gesù! Figlio Mio! " e la voce di Maria trema, come se rotta dai singhiozzi.

"Perché, Madre, sei così turbata? "

"Oh! Figliolo. Mi hanno detto... al Tempio, quel giorno, c'erano alcuni galilei e alcuni nazareni... Sono tornati... e

Ritorno a Nazaret dopo la Pasqua con i sei discepoli.

Mi hanno detto... Oh! Figliolo!"
"Ma puoi vedere, Madre, che sto benissimo. Non ho
sofferto alcun male. Dio è stato glorificato nella Sua
Casa."
"Sì, lo so, Figlio del Mio cuore. So che è stato come la
luce accecante che sveglia i dormienti. E sono felice della
gloria data a Dio... sono felice che questa Mia gente abbia
aperto gli occhi verso Dio... non Ti sto rimproverando...
non Ti sarò di ostacolo... Ti capisco e... e sono felice, ma
Ti ho dato alla luce, Figliolo!..." Maria è ancora stretta
tra le braccia di Gesù e ha parlato tenendo le Sue piccole
mani aperte sul torace di Suo Figlio, la testa girata verso
di Lui, i Suoi occhi brillanti di lacrime pronte a scendere
sulle Sue guance. Ora è silenziosa, con la testa poggiata
sul Suo torace e sembra una tortora grigia, nel Suo abito
grigiastro, protetta da due forti ali bianche, perché Gesù
indossa la tunica e il mantello bianchi.
"Madre! Povera Madre! Cara Madre!... " Gesù La bacia
di nuovo. Poi dice "Beh, vedi? Sono qui, ma non sono
solo. Ho i Miei primi discepoli con Me, e gli altri sono in
Giudea. Anche Mio cugino Giuda è con Me e Mi segue..."
"Giuda?"
"Sì, Giuda. So perché sei sorpresa. Tra coloro che Ti
hanno detto cosa è accaduto, c'era certamente Alfeo con i
suoi figli, e non sbaglio se Ti dico che Mi hanno criticato.
Ma non aver paura. Oggi è così, domani sarà diverso. Un
uomo dev'essere coltivato come la terra, e dove ci sono le
spine, ci saranno anche le rose. Giuda, a cui vuoi tanto
bene, è già con Me. "
"Dov'è ora? "
"Fuori, con gli altri. Hai abbastanza pane per tutti? "
"Sì, Figliolo. Maria di Alfeo lo sta tirando fuori dal forno
proprio ora. Maria è molto buona con Me, soprattutto
ora. "

"Dio l'avrà in gloria. " Egli va sulla soglia e chiama:
"Giuda! Tua madre è qui! Venite, amici!"
Essi entrano e salutano la Madre di Gesù. Giuda La
bacia e si allontana di corsa per cercare sua madre.
Giovanni, che ha già incontrato Maria, Le parla subito
dopo Giuda, inchinandosi a Lei e ricevendo la Sua
benedizione.
Poi, Gesù presenta gli altri cinque discepoli: Pietro,
Andrea, Giacomo, Natanaele, Filippo.
Maria li saluta e chiede loro di sedersi. Ella è la padrona
di casa e sebbene adori il suo Gesù con i Suoi sguardi –
la Sua anima sembra parlare a Suo Figlio tramite i Suoi
occhi – si preoccupa degli altri ospiti. Vorrebbe portare
dell'acqua per rinfrescarli. Ma Pietro obietta: "No, Donna.
Non posso permetterlo.
Ti prego di sederti accanto a Tuo Figlio, Santa Madre.
Vado io, andiamo tutti nell'orto a rinfrescarci."
Maria di Alfeo entra di corsa, arrossata e coperta di farina
e saluta Gesù Che la benedice. Poi conduce i sei uomini
nell'orto, alla fontana, e ritorna felice. "Oh! Maria!" Dice
alla Vergine. "Giuda me lo ha detto. Come sono felice!
Per Giuda e per Te, mia cara cognata. So che gli altri mi
riprenderanno. Ma non importa. Sarò felice il giorno in
cui saprò che sono tutti dalla parte di Gesù. Siamo madri
e sappiamo... sentiamo ciò che è giusto per i nostri figli.
E sento che Tu, Gesù, sei la ricchezza dei miei figli."
Gesù le accarezza la testa e le sorride.
I discepoli tornano e Maria di Alfeo serve loro del pane
delicatamente profumato, olive e formaggio. Poi porta
una piccola anfora di vino rosso, che Gesù versa ai Suoi
amici. E' sempre Gesù che offre e porge le cose. All'inizio
i discepoli sono un po' in imbarazzo, poi diventano più
sicuri di se stessi e parlano delle loro case, del viaggio
a Gerusalemme, dei miracoli che Gesù ha compiuto.

Sono tutti pieni di zelo e affetto e Pietro cerca di formare un'alleanza con Maria affinché Gesù lo porti con sé subito, in modo da non dover aspettare a Betsaida. "Fa ciò che Egli ti dice" incalza Maria, con un sorriso gentile. "L'attesa sarà per te più utile di un'unione immediata. Qualsiasi cosa il Mio Gesù faccia è sempre ben fatta.'

La speranza di Pietro svanisce, ma egli risponde con buona grazia, chiedendo solamente "Sarà una lunga attesa?"

Gesù gli sorride, ma non dice altro.

Maria interpreta il sorriso di Gesù come un segno favorevole e spiega: "Simone di Giona, Egli sta sorridendo... per cui ti dico: veloce come il volo di una rondine sul lago sarà il tempo della tua obbediente attesa."

"Grazie, Donna."

"Non hai niente da dire, Giuda? E tu, Giovanni? "

"Sto guardando Te, Maria."

"Anch'io."

"Anch'io vi sto guardando... e sapete? Questo Mi ricorda i giorni passati. Anche allora avevo tre paia di occhi che Mi guardavano con amore. Ti ricordi, Maria, i Miei tre alunni?"

"Oh! Certo che mi ricordo! Hai proprio ragione! E anche adesso, tre quasi della stessa età Ti stanno guardando con tutto il loro amore. E credo che Giovanni sia come Gesù, com'era Gesù allora, così biondo e rosato, il più giovane di tutti." Gli altri sono ansiosi di saperne di più... e i ricordi e le storie del passato sono risvegliati e narrati mentre fuori si fa più buio.

"Amici, non ho stanze da letto. Ma la bottega dove lavoravo è laggiù. Se volete ripararvi lì... ma ci sono solo

tavoli lì dentro."
"Un comodo letto per dei pescatori, abituati a dormire
su tavole strette. Grazie, Maestro. E' un onore e una
benedizione dormire sotto il Tuo tetto."
Augurano una buonanotte e si ritirano. Anche Giuda va a
casa con sua madre lasciando Gesù e Maria nella stanza,
seduti sulla panca, alla luce della piccola lampada a olio,
ciascuno con un braccio sulla spalla dell'altro, e Gesù
racconta a Maria del Suo recente viaggio. E Maria ascolta
beata, ansiosa, felice.

Cura Di Un Cieco A Cafarnao

E' un bel tramonto d'estate; tutto il cielo occidentale è
illuminato dal bagliore del sole al tramonto e il Lago di
Gennesaret (anche noto come lago di Tiberiade o lago di
Galilea) sembra un enorme disco infiammato sotto un
cielo splendente.
Le strade di Cafarnao stanno appena iniziando ad
affollarsi di donne che vanno alla fontana, pescatori che
preparano le loro reti e le loro barche per andare a pesca
di notte, bambini che corrono a giocare per le strade,
asinelli che trasportano ceste diretti verso la campagna,
probabilmente per raccogliere verdure.
Gesù esce dalla casa di Pietro, da una porta che si apre
su un piccolo cortile completamente ombreggiato da una
vigna e da un albero di fico.   Un viottolo pietroso
conduce, da dietro la porta, giù e lungo il lago.
Pietro è sulla riva con Andrea, che prepara i cesti da
pesca e le reti nella barca, sistemando i posti e le bobine
di corda, preparandosi per la notte di pesca.   Andrea, che
aiuta Pietro, va e viene dalla casa alla barca.
"Avrete una buona retata?" Gesù chiede ai suoi discepoli.
"Il tempo è buono. Le acque sono calme, sarà un chiaro
di luna. Il pesce verrà in superficie dal fondo e la mia rete
lo prenderà."

"Andiamo da soli?"

"Oh! Maestro! Come potremmo riuscirci da soli con questo tipo di rete."

"Non sono mai andato a pescare e mi aspetto che questo Me lo insegni tu." Gesù scende molto lentamente verso il lago e si ferma accanto alla barca, sulla sabbia grossa e pietrosa.

"Vedi, Maestro, questo è ciò che facciamo. Io esco accanto alla barca di Giacomo di Zebedeo, e così andiamo nel punto giusto, entrambe le barche assieme... Poi caliamo la rete. Noi teniamo un capo. Hai detto che volevi tenerla."

"Sì, se mi dici cosa devo fare.

"Oh! Devi solo guardarla scendere. Dev'essere calata lentamente senza formare nodi. Molto lentamente, poiché saremo in un'area di pesca, e ogni movimento brusco può far scappare i pesci. Senza nodi, altrimenti la rete potrebbe chiudersi, mentre dev'essere aperta come una borsa o, se preferisci, come un velo tirato dal vento. Poi, quando le rete è completamente calata, remeremo piano, o potremmo andare a vela, a seconda delle circostanze, formando un semicerchio sul lago.

E quando ci accorgeremo, dala vibrazione del gancio di sicurezza, che la retata è buona, ci dirigeremo a riva. Quando saremo quasi a riva – non prima, per non rischiare di perdere il pesce, né dopo, per evitare di danneggiare sia il pesce che la rete sulle rocce – tireremo la rete. A questo punto dovremo stare molto attenti, perché le barche dovranno stare abbastanza vicine da permettere a una barca di prendere l'estremità della rete dall'altra, ma non devono scontrarsi, per evitare di schiacciare la rete piena di pesci. Per favore, Maestro, stai attento, è il nostro pane quotidiano. Tieni d'occhio la rete, in modo che le scosse non la facciano capovolgere. I pesci lottano per la loro libertà con forti colpi di coda, e se ce ne fossero tanti... Capisci... Sono piccoli, ma se dieci, cento, mille si uniscono, diventano forti come il Leviatano."

"Lo stesso accade con i peccati, Pietro. Dopo tutto, un errore non è irrimediabile. Ma se non si è attenti a controllarsi, e si aggiungono errori su errori, alla fine il piccolo errore, forse una singola omissione, o una semplice debolezza, diventa sempre più grande, diventa un'abitudine, diventa un vizio capitale. A volte si comincia da uno sguardo lascivo e si finisce con il commettere adulterio. A volte, cominciando dal mancare di benevolenza nel parlare con un parente, si finisce con il commettere violenza sul prossimo. Non lasciate mai, mai che gli errori si accumulino in gravità e in numero, se volete evitare problemi! Diventano pericolosi e prepotenti come lo stesso Serpente infernale, e vi trascineranno giù fino al Geenna."

"Ciò che dici è giusto, Maestro... Ma noi siamo così deboli! "

"Diligenza e preghiera sono necessarie e diventare forti e ad ottenere aiuto, assieme a una forte volontà di non peccare. E dovete avere piena fiducia nella giustizia amorevole del Padre."

"Pensi che Egli non sarà troppo severo con il povero Simone?"

"Avrebbe potuto essere severo con il vecchio Simone. Ma con il Mio Pietro, con il nuovo uomo, l'uomo del Suo Cristo... no, Pietro, non lo sarà. Egli ti ama e ti amerà."

"E me?"

"Anche te, Andrea; e anche Giovanni, Giacomo, Filippo e Natanaele. Voi siete i primi scelti da Me."

"Ce ne saranno altri? C'è Tuo cugino, e in Giudea..."

"Oh! Ce ne saranno molti altri. Il mio Regno è aperto a

tutta l'umanità e Io vi dico solennemente che la Mia
pesca, nelle notti dei secoli, sarà più ricca della vostra
più ricca… Perché ogni secolo sarà una notte in cui la
guida e la luce dell'umanità non sarà la luce pura di
Orione o della luna , ma la parola di Cristo e la grazia che
Egli concederà; una notte che diventerà l'alba di un
giorno senza tramonto e di una luce in cui tutti i fedeli
vivranno e sarà l'alba di un sole che renderà tutti i
prescelti splendenti, meravigliosi, felici per sempre anche
come dei. Dei minori, figli di Dio il Padre e come Me…
non è possibile per voi comprendere ora. Ma io vi dico
solennemente che la vostra vita cristiana vi farà
rassomigliare al vostro Maestro, e voi risplenderete in
Paradiso con i Suoi segni. Così, nonostante l'invidiosa
malizia di Satana e la debole volontà degli uomini, la Mia
pesca sarà più ricca della vostra."
"Ma noi saremo i Tuoi unici apostoli?"
"Sei geloso, Pietro? No, non esserlo! Altri arriveranno e
nel Mio cuore ci sarà amore per tutti. Non essere avido,
Pietro. Non conosci ancora Chi ti ama. Hai mai contato le
stelle? O le pietre in fondo a un lago? No, non potresti. E
saresti ancor meno capace di contare i battiti amorevoli
di cui il Mio cuore è capace. Sei mai stato in grado di
contare quante volte questo lago bacia la riva con le sue
onde nel corso delle dodici lune? Non, non ne saresti mai
capace. E saresti ancor meno capace di contare le onde
amorevoli che il Mio cuore riversa per baciare l'uomo. Sii
sicuro del Mio amore, Pietro."
Pietro è profondamente commosso e prende la mano di
Gesù e la bacia.

Andrea guarda, ma non osa prendere la mano di Gesù.
Ma Gesù gli accarezza i capelli e dice: "Amo tanto anche
te. Nell'ora della vostra alba, senza dover alzare gli occhi,

voi vedrete il vostro Gesù riflesso nella volta del paradiso, ed Egli vi sorriderà per dirvi: 'Vi amo. Venite', e il vostro venire a mancare all'alba sarà più dolce dell'entrare in una stanza nuziale..."

"Simone! Simone! Andrea! Eccomi... sto arrivando..." chiama Giovanni correndo verso di loro, ansimando. "Oh! Maestro! Ti ho fatto aspettare?" Giovanni guarda Gesù con gli occhi di un innamorato.

Pietro risponde: "A dire la verità, cominciavo a pensare che non saresti più venuto. Prepara subito la tua barca. E Giacomo?..."

"Beh... siamo in ritardo a causa di un cieco. Pensava che Gesù fosse a casa nostra ed è venuto lì. Gli abbiamo detto: 'Non è qui. Forse ti curerà domani. Aspetta.' Ma non ha voluto aspettare. Giacomo gli ha detto: 'Hai aspettato così tanto per vedere la luce, cosa importa se dovrai aspettare un'altra notte?' Ma non vuol sentire ragioni..."

"Giovanni, se tu fossi cieco, saresti ansioso di vedere tua madre?"

"Eh!... di sicuro!"

"Beh, allora? Dov'è il cieco?"

"Sta arrivando con Giacomo. Ha afferrato il suo mantello e non lo lascia andare. Ma sta arrivando molto lentamente perché la spiaggia è coperta di sassi, e inciampa su di essi... Maestro, mi perdonerai di essere stato duro?"

"Sì, ma per riscattarti, va' ad aiutare il cieco e portalo da Me."

Giovanni corre via. Pietro scuote la testa, ma non dice niente. Guarda il cielo che ora sta cambiando colore, da una tonalità rame scuro al blu. Guarda il lago e le altre barche che stanno già pescando al largo e sospira. "Simone?"

"Maestro?"

"Non aver paura. Avrai una buona pesca, anche se sarai l'ultimo ad uscire."

"Anche questa volta?"

"Ogni volta che sarai caritatevole, Dio ti concederà la grazia dell'abbondanza."

"Ecco il cieco."

Il povero cieco si avvicina in mezzo a Giacomo e Giovanni, con un bastone da passaggio in mano, ma al momento non lo usa e cammina meglio sorretto dai due giovani.

"Ecco, buonuomo, il Maestro è di fonte a te."

Il cieco si inginocchia. "Mio Signore! Abbi misericordia di me."

"Vuoi vedere? Alzati. Da quanto tempo sei cieco?"

I quattro apostoli si avvicinano ai due.

"Sette anni, Signore. Prima, vedevo bene e lavoravo. Ero un fabbro a Cesarea sul Mare. Andava bene. Il porto, i buoni affari, avevano sempre bisogno di me per un lavoro o un altro. Ma mentre colpivo un pezzo di ferro per farne un'ancora - e puoi immaginare quanto fosse incandescente per essere malleabile - una scheggia è saltata, e mi ha bruciato l'occhio. I miei occhi erano già irritati per il calore della forgia. Ho perso l'occhio ferito, e anche l'altro è divenuto cieco dopo tre mesi. Ho finito tutti i miei risparmi e ora vivo di carità..."

"Sei solo?

"Sono sposato con tre figli... non ho mai visto il volto di nessuno di loro... e ho una madre anziana. Eppure lei e mia moglie si guadagnano un po' di pane, e con ciò che guadagnano e l'elemosina che io porto a casa, riusciamo a non morire di fame. Se fossi curato!... Tornerei al lavoro. Tutto ciò che chiedo è essere in grado di lavorare come un buon israelita e così dar da mangiare a coloro che amo."

"E sei venuto da Me? Chi te l'ha detto?"
"Un lebbroso che è stato curato da Te al Monte Tabor,
quando tornavi al lago dopo il Tuo bellissimo discorso."
"Cosa ti ha detto?"
"Che Tu puoi fare di tutto. Che Tu sei la salute dei corpi e
delle anime. Che Tu sei una luce per le anime e per i
corpi, perché Tu sei la Luce di Dio. Egli, sebbene fosse un
lebbroso, aveva osato mescolarsi alla folla, a rischio di
essere lapidato, completamente avvolto nel suo mantello,
perché Ti ha visto passare sulla strada per la montagna,
e il Tuo volto ha acceso la speranza nel Suo cuore. Mi ha
detto: 'Ho visto qualcosa in quel volto che mi ha
sussurrato: "C'è salute qui. Vai!" E sono andato.' Poi mi
ha ripetuto il Tuo discorso e mi ha detto che Tu l'hai
curato, toccandolo con la Tua mano, senza alcun
disgusto. Stava tornando dal sacerdote dopo la sua
purificazione. Lo conoscevo. Avevo fatto qualche lavoro
per lui quando aveva un negozio a Cesarea. Sono tornato,
chiedendo di Te in ogni città e in ogni villaggio. Ora Ti ho
trovato... abbi misericordia di me!"
"Vieni. La luce è ancora troppo forte per chi proviene
dall'oscurità!"
"Mi curerai, allora?"
Gesù lo conduce a casa di Pietro e, nella luce fioca
dell'orto, posiziona il cieco davanti a Sé in modo tale che
gli occhi guariti non possano vedere, per prima cosa, il
lago che brilla ancora di luce. Come un bambino molto
docile, l'uomo obbedisce senza fare domande.
Gesù distende le mani sulla testa dell'uomo inginocchiato
e prega:
"Padre! La Tua Luce a questo Tuo figlio!"
Egli rimane in questa posizione per un attimo. Poi si
bagna la punta delle dita di saliva e tocca leggermente gli
occhi aperti ma senza vita con la mano destra.

Un attimo. Poi l'uomo sbatte le palpebre, le strofina come se si stesse risvegliando dal sonno.

"Cosa vedi?"

"Oh!... oh!... oh!... Dio Eterno! Credo... credo... oh! Che riesco a vedere... vedo il Tuo mantello... è rosso, vero? E una mano bianca... e una cintura di lana... oh! Buon Gesù... vedo sempre meglio, man mano che mi abituo a vedere... C'è l'erba del terreno... e quello è certamente un pozzo... e c'è una vigna..."

"Alzati, amico Mio."

L'uomo si alza, piangendo e ridendo allo stesso tempo. Per un attimo esita, combattuto tra il rispetto e il desiderio, poi alza la testa e incontra lo sguardo di Gesù. Gesù è sorridente, pieno di amore misericordioso. Quanto dev'essere bello recuperare la vista e vedere quel volto per primo! Istintivamente, l'uomo grida ed apre le braccia, poi si controlla. Ma Gesù apre le braccia e attira a sé l'uomo che è molto più basso di Lui. "Vai a casa ora, e sii felice e giusto. Vai con la Mia pace."

"Maestro, Maestro! Signore! Gesù! Santo! Benedetto! La luce... vedo... vedo tutto... c'è un lago blu, il cielo chiaro, il sole che tramonta, e poi le punte dalla luna crescente... ma è nei Tuoi occhi che vedo il blu più bello e limpido, e in Te vedo la bellezza del sole più vero, e la luce casta della luna benedetta. Tu sei la Stella di coloro che soffrono, la Luce dei ciechi, la Misericordia viva e attiva!"

"Io sono la Luce delle anime. Sii un figlio della Luce."

"Sì, Gesù, sempre. Ogni volta che chiuderò i miei occhi rinati, rinnoverò il mio giuramento. Siate benedetti Tu e l'Altissimo."

"Sia benedetto il Padre Altissimo! Vai!"

E l'uomo va via, felice, sicuro di sé, mentre Gesù e gli apostoli ammutoliti salgono su due barche e salpano.

Gesù Prega Di Notte

E' il cuore della notte e la volta stellata del cielo è
tenuemente riflessa nel bagliore del lago di Galilea, che
di per sé, sebbene non visibile al buio, lascia intuire la
sua presenza, beatamente dormiente sotto le stelle, per
il delicato sovrapporsi delle sue acque sulla spiaggia di
ghiaia.

Senza far rumore, Gesù esce dalla casa di Pietro a
Cafarnao, dove ha trascorso la notte per far felice Pietro.
Lasciando la porta socchiusa, Gesù guarda pensieroso
il cielo, il lago e la strada, poi comincia a camminare
in direzione del villaggio, allontanandosi dal lago. Ne
attraversa una parte verso la campagna e lungo un
sentiero che conduce alle prime curve di un oliveto,
dove Egli entra nella pace verde e silenziosa e si prostra
in preghiera. Egli prega con fervore, inginocchiandosi
e sospirando forse per per qualche dolore morale, poi,
come fortificato, alzandosi in piedi, con il volto alzato
verso il Paradiso, un volto reso più spirituale dalla luce
di una chiara alba d'estate che sta sorgendo. Con le
braccia completamente distese, Egli sembra un'alta
croce angelica vivente. Ora prega, sorridente. Così
gentile nel Suo atteggiamento, Egli sembra benedire

l'intera campagna, il giorno che nasce, le stelle che si affievoliscono e il lago che ora diventa più visibile alla luce dell'alba.

"Maestro! Ti abbiamo cercato dappertutto! Abbiamo visto la porta socchiusa, quando siamo tornati con il pesce, e abbiamo pensato che fossi uscito. Ma non riuscivamo a trovarti. E alla fine, un passante, che stava caricando il suo cesto per portarlo giù, ce l'ha detto. Noi chiamavamo: 'Gesù, Gesù!' ed egli ha detto: 'State cercando il rabbino che parla alle folle? E' salito lungo quel sentiero, verso la montagna. Dev'essere nell'oliveto di Mica, perché ci va spesso. L'ho già visto lì.' Aveva ragione. Perché sei uscito così presto, Maestro? Perché non hai riposato? Il letto non era comodo?..."

"No, Pietro. Il letto era comodo e la stanza era adorabile. Ma lo faccio spesso. Per elevare il Mio spirito e unirmi al Padre. La preghiera è una forza per se stessi e per gli altri. Otteniamo tutto pregando. Se non riceviamo una grazia, che il Padre non sempre concede – e non dobbiamo pensare che sia dovuto a mancanza d'amore, invece dobbiamo credere che è la volontà di un ordine che governa il destino di ogni uomo, perché una preghiera per un buon fine dà certamente pace e soddisfazione, per consentirci di sopportare tante cose che ci preoccupano, senza perdere il percorso santo. E' facile, sai, Pietro, avere una mente ottenebrata e un cuore agitato a causa di ciò che ci circonda. E come può percepire Dio una mente o un cuore agitato? "

"E' vero. Ma noi non sappiamo pregare! Non siamo capaci di dire le parole amorevoli che Tu dici. "

"Dite le parole che conoscete, meglio che potete.. Non sono le parole, ma i sentimenti con cui sono pronunciate che rendono le vostre preghiere piacevoli al Padre. "

"Ci piacerebbe pregare come fai Tu."

"Vi insegnerò anche a pregare. Vi insegnerò la preghiera
più santa. Ma per impedire che sia solo una formula
vuota sulle vostre labbra, voglio che i vostri cuori
abbiamo almeno un minimo di santità, luce e saggezza...
E' per questo che vi istruisco. In seguito, vi insegnerò la
preghiera santa. Perché Mi stavate cercando, desiderate
qualcosa da Me?"
"No, Maestro. Ma ci sono tanti che che vogliono tanto
da Te. C'è già gente che viene da Cafarnao, ed è gente
povera, malata, depressa, gente di buona volontà e
ansiosa di essere guidata. Quando ci hanno chiesto di
Te, abbiamo detto: 'Il Maestro è stanco è sta dormendo.
Andate e tornate per il prossimo Shabbat.'"
"No, Simone. Non dovete dire questo. Non c'è solo un
giorno per la misericordia. Io sono Amore, Luce e Salute
ogni giorno dell'anno."
"Ma... finora hai parlato solo negli Shabbat."
"Perché ero ancora sconosciuto. Ma man mano che
divento noto, ogni giorno ci saranno effusioni di Grazia e
grazie. Vi dico solennemente che arriverà il tempo in cui
nemmeno l'intervallo di tempo concesso a un passero per
fermarsi su un ramo e mangiare qualche granello sarà
concesso al Figlio dell'uomo per il riposo e i pasti."
"Ma Ti ammalerai! Non lo permetteremo. La Tua
gentilezza non deve renderti infelice."
"E' pensate che ciò possa rendermi infelice? Oh! Se tutto
il mondo venisse ad ascoltarmi, a piangere i suoi peccati
e il suo dolore sul Mio cuore, per essere guarito nel corpo
e nell'anima, e io fossi stanco di parlare, di perdonare e
di riversare il Mio potere, Io sarei così felice, Pietro, che
non rimpiangerei nemmeno il Paradiso, dov'ero con il
Padre! Di dov'erano coloro che Mi cercavano?"
"Di Corazin, Betsaida, Cafarnao, e c'erano anche alcuni
di Tiberiade e Gadara, e dalle centinaia di villaggi attorno

a quelle città."

"Andate a dir loro che andrò a Corazin, Betsaida e nei villaggi vicini."

"Perché non a Cafarnao?"

"Perché sono venuto per tutti e tutti devono avermi e poi... c'è il vecchio Isacco che Mi aspetta. Non dobbiamo deludere le sue speranze."

Ci aspetterai lì, allora?"

"No, ci andrò Io e voi resterete a Cafarnao per mandare da me la gente; tornerò dopo."

"Resteremo qui da soli..." Pietro è triste.

"Non essere triste. L'obbedienza dovrebbe renderti felice, come anche la convinzione di essere un discepolo utile. E lo stesso vale per gli altri."

Pietro, Andrea, Giacomo e Giovanni si rincuorano. Gesù li benedice e si separano.

La Pesca Miracolosa Dei Pesci

"Quando tutti gli alberi fioriscono a primavera, il contadino felice dice: 'Avrò un buon raccolto' e quella speranza rallegra il suo cuore..." Dice Gesù, parlando alla folla. "... Ma dalla primavera all'autunno, dal mese dei fiori al mese dei frutti, quanti giorni, venti, piogge, sole e tempeste devono passare, e a volte guerre o la crudeltà dei potenti e le malattie delle piante, e a volte malattie degli uomini dei campi, così che le piante, non più zappate, non più annaffiate, potate, supportate o pulite, sebbene avessero promesso copiosi frutti, si seccano e muoiono o non portano frutti!
Voi Mi seguite. Voi Mi amate. Come le piante in primavera, vi adornate di propositi e di amore. Israele, in realtà, all'alba della Mia missione, è come la nostra dolce campagna nel mese luminoso di Nisan. Ma ascoltate. Come il caldo eccessivo nel clima secco, Satana, che è invidioso di Me, verrà a bruciarvi con la sua collera. Il mondo verrà con i suoi venti gelidi a gelare i vostri germogli. E le passioni arriveranno come tempeste. E il tedio verrà come una pioggia persistente. Tutti i Miei e i vostri nemici verranno a rendere sterile ciò che dovrebbe essere il frutto nella vostra naturale tendenza a fiorire in Dio.

Vi sto avvisando, perché so. Andrà tutto perduto allora, quando Io, come un contadino ammalato, anche più che malato, morto, non sarò più in grado di parlarvi e di compiere miracoli per voi? No, io seminerò e coltiverò finché ne avrò tempo. Poi tutto crescerà e maturerà per voi, se starete bene in guardia.

Guardate l'albero di fico vicino a casa di Simone di Giona. Chi lo piantò non trovò il punto più giusto e più favorevole. Piantato vicino all'umido muro settentrionale, sarebbe appassito, se non avesse trovato da solo una protezione per sopravvivere. Ed esso ha cercato il sole e la luce. Eccolo lì: tutto piegato, ma forte e orgoglioso, che riceve i raggi del sole dall'alba e li trasforma in nutrimento per le sue centinaia e centinaia di dolci frutti. Si è difeso da solo. Ha detto: 'Il Creatore mi ha voluto, in modo che potessi dare gioia e cibo agli uomini. E voglio unire la mia volontà alla Sua.' Un albero di fico! Un albero muto! Un albero inanimato! E voi, figli di Dio, i figli dell'uomo, sarete inferiori a una pianta legnosa?

State bene in guardia per maturare i frutti della vita eterna. Io vi coltiverò, e alla fine vi darò un succo tanto potente, che non ne troverete mai uno più potente. Non permettete a Satana di ridere della distruzione della Mia opera, del Mio sacrificio e delle vostre anime. Cercate la luce. Cercate il sole. Cercate la forza. Cercate la vita. Io sono la Vita, la Forza, il Sole e la Luce di coloro che Mi amano. Sono venuto a portarvi nel luogo da cui provengo. Vi sto parlando qui, per chiamarvi tutti e indirizzarvi verso i dieci comandamenti che danno la vita eterna. E con consiglio amorevole vi dico: 'Amate Dio e il vostro prossimo. Ama il tuo Dio e ama il tuo prossimo.' E' la prima condizione per riuscire in tutto il resto. E' il più santo dei santi comandamenti. Amore. Coloro che amano Dio, in Dio e per il Signore Dio, avranno pace sia sulla

terra che in Paradiso, per la loro dimora e la loro corona."
La gente va via con difficoltà dopo la benedizione di Gesù.
Non sono né malati né poveri.
Gesù dice a Simone: "Chiama gli altri due. Andiamo al
lago a calare la rete. "
"Maestro, mi fanno male le braccia dalla fatica: per tutta
la notte ho calato e tirato la rete, invano. I pesci sono sul
fondo. Mi chiedo dove."
"Fa' come ti dico, Pietro. Ascolta sempre coloro che ti
amano."
"Farò come Tu dici, per rispetto della Tua parola. " E
grida agli assistenti e a Giacomo e Giovanni: "Andiamo
a pescare. Il Maestro vuole andare. " E mentre partono,
dice a Gesù: "Comunque, Maestro, Ti assicuro che non è
il momento giusto. Dio sa dove saranno i pesci ora!..."
Gesù, seduto a prua, sorride ed è silenzioso.
Formano un semicerchio sul lago e calano la rete. Dopo
qualche minuto di attesa, la barca viene scossa in modo
strano, perché il lago è liscio come una lastra di ghiaccio
sotto il sole di mezzogiorno.
"Ma quello è pesce, Maestro!" Dice Pietro, con gli occhi
spalancati. Gesù sorride ed è silenzioso.
"Issa oh! Issa oh!" Ordina Pietro ai suoi assistenti. Ma
la barca si piega da un lato, dove si trova la rete: "Hey
là! Giacomo! Giovanni! Presto! Venite presto! Con i remi!
Presto!"
"Essi si affrettano e lo sforzo comune dei due equipaggi
riesce a tirare la rete senza danneggiare il pesce. Le
due barche si avvicinano fino ad unirsi ed uno, due,...
cinque,... dieci cesti tutti pieni di pesce meraviglioso, e
ce ne sono ancora tanti che si agitano nella rete: come
d'argento e di bronzo, lottando per sfuggire alla morte.
C'è solo una cosa da fare: svuotare la rete sulle barche.

Lo fanno e il fondo delle barche diventa un turbine di vite agonizzanti. E gli equipaggi sono pieni fino alle caviglie di tale abbondanza, al punto che le barche scendono rispetto al livello dell'acqua per il peso eccessivo. "A riva! Virate! Presto! Le vele! Guardate il livello dell'acqua! Preparate i pali per impedire un urto. Abbiamo troppo peso!" Finché va avanti la manovra, Pietro non pensa ad altro. Ma quando scende a riva, comincia a realizzare. Egli comprende. E' spaventato. "Maestro! Mio Signore! Allontanati da Me! Io sono un peccatore! Non sono degno di starti accanto!" Egli è in ginocchio sulla spiaggia bagnata.

Gesù lo guarda e sorride: "Alzati! Seguimi! Non ti lascerò più. Da ora in poi, sarai un pescatore di uomini, e i tuoi compagni con te. Non temere nulla. Ti sto chiamando Io: Vieni!"

"Subito, signore. Voi pensate alle barche. Portate tutto a Zebedeo e a mio cognato. Andiamo. Siamo tutti per Te, Gesù! Sia benedetto il Padre Eterno per questa scelta."

L'iscariota Incontra Gesù Al Getsemani E Viene Accettato Come Discepolo

E' sera, si fa buio e la luce del giorno si affievolisce sempre più nel fitto oliveto dove Gesù, da solo, è seduto su una delle piccole terrazze di terra, nella Sua postura familiare; i gomiti sulle ginocchia, gli avambracci in avanti e le mani giunte. Si è tolto il mantello come se avesse caldo, e la sua bianca tunica risalta sul verde circostante, reso ancora più scuro dal tramonto.

Un uomo si avvicina attraverso gli ulivi e sembra cercare qualcosa o qualcuno. E' alto e i suoi indumenti sono appariscenti: di una tonalità giallo-rosa che rende vistoso il suo ampio mantello, adorno com'è di frange dondolanti. Il suoi volto è in qualche modo oscurato dalla flebile luce e dalla distanza, e anche perché il bordo del suo mantello copre parte del suo volto. Quando vede Gesù, fa un gesto come per dire: "Eccolo Lì! " E affretta il passo. Quando si trova a qualche metro di distanza, Lo saluta: "Salve, Maestro! "

Gesù si volta improvvisamente e guarda in alto, perché l'uomo è in piedi sulla terrazza accanto, che si trova più in alto. Gesù lo guarda, con un'espressione seria e anche triste. L'uomo ripete: "Salute, Maestro. Sono Giuda di

Kariot. Non mi riconosci? Non ricordi? "

Mi ricordo e ti riconosco. Hai parlato con me qui con Tommaso, nell'ultima Pasqua. "

"E Tu mi ha detto: 'Pensaci e prendi una decisione prima che Io ritorni.' Ho deciso. Verrò. "

"Perché vieni, Giuda?" Gesù è davvero triste.

"Perché... L'ultima volta Ti ho detto perché. Perché sogno il Regno di Israele e Ti vedo come re."

"E' per questo che vieni? "

"Sì. Metterò me stesso e tutto ciò che possiedo: capacità, conoscenze, amici e fatica al Tuo servizio e al servizio della Tua missione di ricostruire Israele. "

I due, ora vicini, faccia a faccia, si guardano; Gesù è serio e malinconico. Giuda, esaltato dal suo sogno, è sorridente, di bell'aspetto, giovane, brillante e ambizioso.

"Io non ti ho cercato, Giuda. "

"Lo so. Ma io ho cercato Te. Per giorni e giorni ho messo alla porta gente che mi avvisava del Tuo arrivo. Pensavo che saresti arrivato con dei seguaci e pertanto sarebbe stato facile notarti. Invece... ho capito che Tu eri stato qui, perché un gruppo di pellegrini Ti benediceva perché avevi curato un uomo malato. Ma nessuno era in grado di dirmi dov'eri. Poi ho ricordato questo posto. E sono venuto. Se non Ti avessi trovato qui, mi sarei rassegnato a non trovarti mai più..."

"Pensi che sia una cosa positiva per te, il fatto che tu Mi abbia trovato?"

"Sì, perché Ti stavo cercando. Desideravo Te, voglio Te. "

"Perché? Perché Mi cercavi?" "

"Ma te l'ho detto, Maestro! Non hai capito?"

"Ti ho capito. Sì. Ma voglio anche che Tu capisca Me prima di seguirmi. Vieni. Camminiamo e parliamo. " E cominciano a camminare, l'uno accanto all'altro, su e giù per i sentieri che si incrociano nell'oliveto. "Tu vuoi seguirmi per una ragione umana, Giuda. Ma io devo dissuaderti. Non sono venuto per quello. "

"Ma non sei Tu il Re designato degli Ebrei? Colui di cui parlavano i Profeti? Altri sono venuti. Ma a loro mancavano tante cose e sono caduti come foglie non più sorrette dal vento. Ma Tu hai Dio con Te, infatti Tu operi miracoli. Dove si trova Dio, il successo della missione è garantito. "

"Tu hai detto il vero. Ho Dio con Me. Io sono la Sua Parola. Sono stato profetizzato dai Profeti, promesso ai Patriarchi, atteso dal popolo. Ma perché, Israele, sei diventato talmente cieco e sordo da non essere più in grado di leggere e vedere, ascoltare e capire la realtà degli eventi? Il Mio Regno non fa parte di questo mondo, Giuda. Permetti a te stesso di convincerti di questo. Sono venuto a Israele per portare Luce e Gloria. Ma non la luce e la gloria della terra. Sono venuto a chiamare i giusti di Israele al Regno. Perché è da Israele che verrà la pianta della vita eterna, e con Israele si formerà la pianta, la cui linfa sarà il Sangue del Signore, la pianta che si diffonderà in tutta la terra, fino alla fine del mondo. I Miei primi seguaci verranno da Israele. I Miei primi confessori verranno da Israele. Ma anche i Miei persecutori

85

verranno da Israele. Anche i Miei carnefici verranno da Israele. E anche il Mio traditore verrà da Israele..."

"No, Maestro. Non accadrà mai. Se tutti dovessero tradirti, io resterò con Te e Ti difenderò."

"Tu, Giuda? E su che cosa fondi la tua certezza?"

"Sul mio onore di uomo."

"Che è più fragile di una ragnatela, Giuda. E' a Dio che dobbiamo chiedere la forza di essere onesti e fedeli. L'uomo!... L'uomo compie le imprese umane. Per compiere le imprese spirituali - e per seguire il Messia con sincerità e giustizia è un'impresa spirituale - è necessario uccidere l'uomo e farlo rinascere. Sei capace di tanto?"

"Sì, Maestro. E in ogni caso... Non tutti in Israele Ti ameranno. Ma Israele non darà al Messia carnefici e traditori. Israele Ti attende da secoli! "

"Ne avrò. Ricorda i Profeti... le loro parole... e la loro fine. Sono destinato a deludere molti. E tu sei uno di loro. Giuda, tu hai qui di fronte a te un mite, pacifico uomo povero, che desidera rimanere povero. Non sono venuto a impormi e a combattere una guerra. Non mi scontrerò con i forti e i potenti per alcun regno o potere. Io combatto solo con Satana per le anime e sono venuto a spezzare le catene di Satana con il fuoco del Mio amore. Sono venuto a insegnare la misericordia, il sacrificio, l'umiltà, la continenza. Io dico a te e a tutti: 'Non desiderate la ricchezza umana, ma lavorate per le ricompense eterne.' Tu inganni te stesso se pensi che io trionferò su Roma e sulle classi dominanti. Erode e Cesare possono dormire sonni tranquilli, mentre Io parlo alle folle. Non sono venuto a sottrarre lo scettro a nessuno... e il Mio scettro eterno è già pronto, ma nessuno, se non è pieno di amore come lo sono Io, vorrebbe tenerlo. Vai, Giuda, e rifletti..."

"Mi stai rifiutando, Maestro?"

"Io non rifiuto nessuno, perché chi rifiuta non ama. Ma dimmi, Giuda: come descriveresti il gesto di un uomo che, sapendo di essere infetto da una malattia contagiosa, dice a un altro uomo che si avvicina, inconsapevole della situazione, per bere dal suo calice? 'Attento a quello che fai?' Lo definiresti odio o amore?"

"Direi che è amore, perché egli non vuole che l'uomo, inconsapevole del pericolo, si rovini la salute."

"Bene, guarda anche il Mio gesto in maniera simile."

"Potrei rovinarmi la salute venendo con Te? No, mai."

"Tu puoi rovinare più della tua salute, perché, considera attentamente, Giuda, poco sarà addebitato a colui che è un assassino, ma crede di fare giustizia, e lo crede perché non conosce la Verità; ma molto sarà addebitato a colui che, conoscendo la verità, non solo non la segue, me ne diventa nemico."

"Io non farò questo. Prendimi, Maestro. Non puoi rifiutarmi. Se Tu sei il Salvatore e vedi che io sono un peccatore, una pecora smarrita, un cieco fuori dalla strada giusta, perché Ti rifiuti di salvarmi? Prendimi. Io Ti seguirò, anche fino alla morte..."

"Fino alla morte! Questo è vero. Poi..."

"Poi, Maestro?"

"Il futuro è nel grembo di Dio. Vai. Ci incontreremo domani alla Porta dei Pesci."

"Grazie, Maestro. Il Signore sia con Te."

"E che la Sua misericordia possa salvarti."

Gesù Con Giuda Iscariota Incontra Simone Lo Zelota E Giovanni

"Sei sicuro che verrà?" Chiede Giuda Iscariota camminando su e giù con Gesù, accanto a uno dei cancelli all'interno del Tempio.

"Ne sono sicuro. Doveva partire da Betania all'alba e al Getsemani doveva incontrare il Mio primo discepolo..."

C'è una pausa. Poi Gesù si ferma di fronte a Giuda e lo guarda, studiandolo da vicino. Poi posa una mano sulla spalla di Giuda e chiede: "Perché, Giuda, non Mi esprimi i tuoi pensieri?"

"Quali pensieri? Non ho nessun pensiero in particolare, Maestro, al momento. Ti faccio fin troppe domande. Di certo non puoi lamentarti del mio silenzio."

"Tu Mi fai tante domande e Mi dai tanti dettagli sulla città e sui suoi abitanti. Ma non ti confidi con Me. Cosa credi che Mi importi, quello che mi dici della ricchezza della gente e dei membri di questa o quella famiglia? Non sono un indolente venuto qui a perdere tempo. Sai perché sono venuto. E puoi ben capire che Mi interessa essere il Maestro di Miei discepoli, come cosa più importante. Pertanto voglio sincerità e fiducia da loro.

Tuo padre ti amava, Giuda?"

"Mi amava tanto. Era orgoglioso di me. Quando tornavo
a casa da scuola, e anche dopo, quando sono tornato a
Kariot da Gerusalemme, voleva che gli raccontassi tutto.
Si interessava a tutto ciò che facevo e se ne rallegrava se
si trattava di cose positive, mi confortava se non stavo
molto bene, se a volte, sai, tutti commettiamo degli errori
- se avevo commesso un errore ed ero stato rimproverato
per esso, mi mostrava la lealtà del rimprovero che avevo
ricevuto, o l'ingiustizia della mia azione. Ma lo faceva in
modo così gentile... che sembrava un fratello maggiore.
Concludeva sempre dicendo: 'Dico questo perché voglio
che il mio Giuda sia giusto. Voglio essere benedetto
attraverso mio figlio.' Mio padre..."

Gesù, che ha attentamente osservato quanto Giuda è
commosso al ricordo di suo padre, dice: "Ora, Giuda, sta'
sicuro di ciò che sto per dirti. Niente renderà tanto felice
tuo padre quanto l'essere un discepolo fedele. Tuo padre,
che ti ha allevato come dici, dev'essere stato un uomo
giusto e la sua anima si rallegrerà, dove sta aspettando
la luce, vedendo che tu sei un Mio discepolo. Ma per
essere tale, devi dire a te stesso: 'Ho trovato il mio padre
perduto, il padre che era come un fratello maggiore per
me, l'ho trovato nel mio Gesù, e Gli dirò tutto, come
facevo con il mio adorato padre, per la cui morte sono
ancora addolorato, in modo che possa ricevere da Lui
consigli, benedizioni o un tenero rimprovero.' Che Dio
lo conceda, e soprattutto che tu possa comportarti in
modo tale che Gesù ti dica sempre: 'Tu sei buono.. Io ti
benedico.'"

"Oh! Sì, Gesù! Se Tu mi ami così tanto, io farò di tutto
per essere buono, come Tu vuoi e come mio padre voleva

che fossi. E mia madre non avrà più un dolore lacerante nel suo cuore. Ella diceva: 'Tu non hai una guida ora, figlio mio, e ne hai ancora tanto bisogno.' Quando saprà che ho Te!"

"Io ti amerò come nessun altro uomo potrebbe amarti, ti amerò così tanto, ti amo davvero. Non deludermi."

"No, Maestro, non lo farò. Ero pieno di conflitti. Invidia, gelosia, desiderio di superiorità, sensualità, tutto in me si è scontrato con la voce della mia coscienza. Anche piuttosto di recente, vedi? Tu mi hai fatto soffrire. Cioè: no, non Tu. Era la mia natura malvagia... Pensavo di essere il Tuo primo discepolo... e, ora Tu mi hai appena detto che ne hai già uno."

"L'hai visto tu stesso. Non ricordi che a Pasqua ero nel Tempio con molti galilei?"

"Pensavo che fossero amici... pensavo di essere il primo ad essere scelto per tale destino, e che pertanto fossi il più caro."

"Non ci sono distinzioni nel Mio cuore tra il primo e l'ultimo. Se il primo dovesse errare e l'ultimo fosse un sant'uomo, allora ci sarebbe una distinzione agli occhi di Dio. Ma io amerò allo stesso modo: Amerò l'uomo santo di un amore beato, e il peccatore di un amore sofferente. Ma ecco Giovanni che arriva con Simone. Giovanni, il Mio primo discepolo, Simone, colui di cui ti ho parlato due giorni fa. Hai già visto Simone e Giovanni. Uno era malato..."

"Ah! Il lebbroso! Mi ricordo. E' già un Tuo discepolo?"

"Dal giorno seguente."

"E perché io ho dovuto aspettare così tanto?"

"Giuda?!"

"Hai ragione. Perdonami."

Giovanni vede il Maestro, Lo indica a Simone e si affrettano.

Giovanni e il Maestro si baciano. Simone, invece, si getta ai piedi di Gesù e li bacia, esclamando: "Gloria al mio Salvatore! Benedici il Tuo servitore affinché le sue azioni siano sante agli occhi di Dio e io possa glorificarlo e benedirlo per avermi donato Te."

Gesù posa la mano sulla testa di Simone: "Sì, ti benedico per ringraziarti della tua opera. Alzati, Simone. Questo è Giovanni, e questo è Simone: ecco il Mio ultimo discepolo. Anche egli vuol seguire la Verità. Pertanto è un fratello per tutti voi."

Si salutano: i due giudei inquisitoriamente, Giovanni di cuore.

Sei stanco, Simone?" Chiede Gesù.

"No, Maestro. Con la mia salute ho recuperato una vitalità che non avevo mai sentito prima."

"E so che ne fai buon uso. Ho parlato con tanta gente e tutti Mi hanno detto che li hai già istruiti sul Messia."

Simone sorride felicemente. "Anche la scorsa notte ho parlato di Te ad uno che è un onesto israelita. Spero che lo incontrerai un giorno. Mi piacerebbe portarti da lui."

"E' certamente possibile."

Giuda si unisca alla conversazione: "Maestro, hai promesso di venire con me, in Giudea."

"E lo farò. Simone continuerà a istruire la gente sul Mio arrivo. Il tempo è poco, cari amici, e la gente è così tanta. Ora andrò con Simone. Voi due Mi verrete incontro stasera sulla strada verso il Monte degli Ulivi e daremo del denaro ai poveri. Andate ora."

Quando Gesù è da solo con Simone, gli chiede: "Quella persona di Betania è un vero israelita?"

"E' un vero israelita. Le mie idee sono prevalenti, ma egli aspetta davvero il Messia. E quando gli ho detto: "Egli ora è tra noi", mi ha risposto subito: 'Sono benedetto perché sto vivendo questo momento.'"

"Andremo da lui un giorno e porteremo la nostra benedizione alla sua casa. Hai visto il nuovo discepolo?"

"L'ho visto. E' giovane e sembra intelligente."

"Sì, lo è. Poiché sei un giudeo, tu avrai più pazienza con lui rispetto agli altri, a causa delle sue idee."

"E' un desiderio o un ordine?"

"Un ordine benevolo. Tu hai sofferto e puoi essere più indulgente. Il dolore insegna tante cose."

"Se me lo ordini, sarò completamente indulgente verso di lui."

"Sì. Sii tale. Forse Pietro, e potrebbe non essere l'unico, sarà un po' turbato nel vedere come mi prendo cura e mi preoccupo di questo discepolo. Ma un giorno, essi capiranno... Più uno è deforme, più ha bisogno di assistenza.

Gli altri... oh! Gli altri si formano propriamente, anche
da soli, semplicemente per contatto. Non voglio fare tutto
da solo. Voglio che sia la volontà dell'uomo e l'aiuto degli
altri a formare un uomo. Ti chiedo di aiutarmi... e ti sono
grado per l'aiuto."

"Maestro, credi che Ti deluderà?"

"No. Ma è giovane ed è stato allevato a Gerusalemme."

"Oh! Accanto a te correggerà tutti i vizi di quella città...
ne sono sicuro. Io ero già vecchio e incallito da odio
pungente, eppure sono cambiato completamente dopo
averti visto..."

Gesù sospira: "Che sia così! " Poi a voce alta: "Andiamo al
Tempio. Evangelizzerò la gente."

Estratti da i sequel

Ritorno A Nazaret Dopo Aver Lasciato Giona

E' tempo di salutarsi e Gesù e i Suoi discepoli sono sulla porta di una capanna povera, con Giona e altri poveri contadini, illuminati da una luce così debole che sembra lampeggiante.

"Non ti rivedrò più, mio Signore? " chiede Giona. '"Tu hai portato luce ai nostri cuori. La tua gentilezza ha trasformato questi giorni in una festa che durerà per tutta la nostra vita. Ma Tu hai visto come siamo trattati. Un mulo è trattato meglio di noi. E gli alberi ricevono più attenzioni umane; sono soldi. Noi siamo solo macine che guadagnano soldi e siamo usati finché moriamo di troppo lavoro. Ma le Tue parole sono state come tante carezze amorevoli. Il nostro pane è sembrato più ricco e gustoso perché Tu l'hai condiviso con noi; questo pane che egli non dà nemmeno ai suoi cani. Torna a condividerlo con noi, mio Signore. Solo perché sei Tu, oso dirlo. Sarebbe un insulto offrire a chiunque altro un rifugio e del cibo che anche un accattone rifiuterebbe. Ma Tu..."
"Ma Io ci trovo un profumo e un aroma paradisiaco perché in essi c'è fede e amore. Tornerò, Giona. Tornerò.

Voi resterete nel vostro posto, legati come un animale alle
aste. Che il vostro posto sia la scala di Giacobbe. E infatti
gli angeli vanno e vengono dal Paradiso a voi,
raccogliendo attentamente tutti i vostri meriti e
portandoli su a Dio. Ma io tornerò da voi. Ad alleviare il
vostro spirito. Siatemi fedeli, tutti voi. Oh! Vorrei darvi
anche la pace umana. Ma non posso. Devo dirvi:
continuate a soffrire. E ciò è molto triste per Qualcuno
Che ama..."
"Signore, se Tu ci ami, noi non soffriamo più. Prima non
avevamo nessuno che ci amasse... Oh! Se potessi almeno
vedere Tua Madre!"
"Non preoccuparti. La porterò da te. Quando il tempo
sarà più mite, verrò con Lei. Non rischiare di incorrere in
punizioni crudeli per la tua ansia di vederla. Devi
aspettarla come aspetti il sorgere di una stella, della
stella della sera. Ti apparirà all'improvviso, esattamente
come la stella della sera, che un momento prima non c'è
e un momento dopo splende nel cielo. E devi considerare
che anche ora Ella sta profondendo i Suoi doni d'amore
su di te. Saluti a tutti. Che la Mia pace vi protegga dalla
durezza di colui che vi tormenta. Saluti, Giona. Non
piangere. Hai aspettato tanti anni con fede paziente. Ora
ti prometto un'attesa molto breve. Non piangere; non ti
lascerò solo. La tua gentilezza asciugò le Mie lacrime
quando ero un Bambino appena nato. La mia non è
sufficiente ad asciugare le tue?"
"Sì... ma Tu stai andando via... e io devo rimanere qui..."
"Giona, amico Mio, non farmi andar via depresso perché
non posso confortarti..."
"Non sto piangendo, mio Signore... Ma come potrò vivere
senza vederti, ora che so che sei vivo?"
Gesù accarezza ancora una volta l'infelice uomo anziano
e poi va via. Ma, fermandosi sul bordo dello squallido
suolo di trebbiatura, Gesù allunga le braccia e benedice
la campagna. Poi parte:
"Cos'hai fatto, Maestro?" Chiede Simone che ha notato il

gesto insolito.
"Ho messo un sigillo su tutto. In modo che nessun
demonio possa danneggiare le cose e causare problemi a
questa gente sventurata. Non potevo fare di più..."
"Maestro, camminiamo un po' più velocemente. Vorrei
dirti qualcosa che non voglio che gli altri sentano." Si
allontanano dal gruppo e Simone comincia a parlare:
"Volevo dirti che Lazzaro ha istruzioni per usare il mio
denaro per assistere tutti quelli che glielo richiedono nel
nome di Gesù. Non potremmo liberare Giona?
Quell'uomo è distrutto e la sua unica gioia è stare con Te.
Diamogliela. Quanto vale il suo lavoro qui? Se invece
fosse libero, sarebbe il Tuo discepolo in questa pianura
bella ma desolata. La gente più ricca di Israele possiede
terreni fertili qui e li sfrutta con crudeli estorsioni,
traendo un profitto centuplicato dai loro lavoratori. Lo so
da anni. Non potrai fermarti qui a lungo, perché la setta
dei farisei domina la campagna e non credo che Ti
saranno mai amici. Questi lavoratori oppressi e senza
speranza sono le persone più infelici di Israele. L'hai
sentito Tu stesso, nemmeno a Pasqua hanno pace, né
possono pregare, mentre i loro severi padroni, con gesti
solenni ed esibizionismi leziosi, assumono posizioni
prominenti davanti all'altra gente. Almeno hanno la gioia
di sapere che Tu esisti e di ascoltare le Tue parole
ripetute loro da qualcuno che non cambierà una lettera.
Se sei d'accordo, Maestro, Ti prego di dirmelo e Lazzaro
farà ciò che è necessario."
"Simone, sapevo perché avevi dato via tutta la tua
proprietà. I pensieri degli uomini mi sono noti. E ti ho
amato anche per questo. Facendo felice Giona, tu fai
felice Gesù. Oh! Quanto Mi tormenta veder soffrire la
gente buona! La mia situazione di povero uomo
disprezzato dal mondo Mi affligge solo per quello. Se
Giuda Mi sentisse, direbbe: 'Ma Tu non sei la Parola di
Dio? Dai l'ordine e queste pietre diverranno oro e pane
per i poveri.' Ripeterebbe la tentazione di Satana. Io sono

ansioso di soddisfare la fame della gente. Ma non nel
modo che piacerebbe a Giuda. Tu non sei ancora
abbastanza maturo per afferrare la profondità di ciò che
intendo dire. Ma ti dirò: se Dio si occupasse di tutto
ruberebbe ai Suoi amici. Li priverebbe dell'opportunità di
essere misericordiosi e adempiere al comandamento
dell'amore. I miei amici devono possedere questo marchio
di Dio in comune con Lui: la santa misericordia che
consiste in opere e parole. E l'infelicità di altre persone dà
ai Miei amici l'opportunità di praticarla.
Hai capito cosa voglio dire?"
"Il tuo pensiero è profondo. Valuterò le Tue parole. E mi
umilio perché vedo quanto sono ottuso e quanto è grande
Dio Che vuole che ci siano donati i Suoi più dolci
attributi in modo che Egli possa chiamarci Suoi figli. Dio
si è rivelato a Me nelle sue molteplici perfezioni attraverso
ogni raggio di luce con cui Tu illumini il mio cuore.
Giorno per giorno, come qualcuno che avanza in un
luogo sconosciuto, la conoscenza della Cosa immensa
che è la Perfezione Che vuol chiamarci Suoi 'figli'
progredisce in me, mi sembra di salire come un aquila o
di immergermi come un pesce nelle infinite profondità
come il cielo e il mare, e salgo sempre più in alto e mi
immergo sempre più in profondità ma non tocco mai la
fine. Ma allora cos'è Dio? "
"Dio è la perfezione irraggiungibile, Dio è la Bellezza
Perfetta, Dio è il Potere infinito, Dio è l'incomprensibile
Essenza, Dio è la Bontà insuperabile, Dio è
l'indistruttibile Misericordia, Dio è l'incommensurabile
Saggezza, Dio è l'amore che divenne Dio. Egli è l'Amore!
Egli è l'Amore! Tu dici che più conosci Dio nella Sua
perfezione, più in alto ti sembra di salire e più in
profondità ti sembra di immergerti in due infinite
profondità di blu senza sfumatura... Ma quando
comprendi che è l'Amore che divenne Dio, tu non salirai o
non ti immergerai più nel blu ma in un vortice luminoso
e sarai condotto verso una beatitudine che sarà morte e

vita per te. Tu possiederai Dio, con una perfezione perfetta, quando, per tua volontà, riuscirai a comprenderlo e meritarlo. Allora sarai fisso nella Sua perfezione."

"O Signore... " esclama Simone, sopraffatto.

Camminano in silenzio fino a raggiungere la strada, dove Gesù si ferma ad aspettare gli altri.

Quando si riuniscono di nuovo, Levi si inginocchia: "Dovrei andare, Maestro. Ma il Tuo servo Ti chiede un favore. Portami da Tua Madre. Quest'uomo è un orfano come me. Non negare a me ciò che hai dato a lui, in modo che io possa vedere il volto di una madre..."

"Vieni. Ciò che viene chiesto nel nome di Mia Madre, lo concedo nel nome di Mia Madre."

Il sole, benché sul punto di tramontare, arde verso il basso sulla cupola grigio-verde dei fitti alberi di ulivo carichi di piccoli frutti ben formati ma penetra il groviglio di rami quel poco che basta a creare qualche piccolo spiraglio di luce, mentre la strada principale, dall'altra parte, chiusa tra due sponde, è un nastro polveroso brillante e abbagliante.

Da solo e camminando velocemente tra gli alberi di ulivo, Gesù sorride tra sé... sorride ancora più felicemente quando raggiunge un promontorio... Nazaret... il suo panorama brillante nel calore del sole ardente... e Gesù comincia a scendere e allunga il passo.

Ora, sulla strada silenziosa e deserta, si è protetto la testa con il Suo mantello e, non preoccupandosi più del sole, cammina così velocemente che il mantello si gonfia ai lati e dietro di Lui in modo che sembri volare.

Di tanto in tanto, la voce di un bambino o di una donna dall'interno di una casa o da un orto raggiunge Gesù, che cammina nelle zone ombreggiate create degli alberi dei

giardini i cui rami si estendono sulla strada. Egli svolta
in una strada mezza ombreggiata dove ci sono donne
radunate attorno a un pozzo di acqua fresca e tutte Lo
salutano, dandogli il benvenuto con le loro voci acute.

"Pace a tutte voi... ma per favore fate silenzio. Voglio fare
una sorpresa a Mia Madre."
"Sua cognata è appena andata via con una caraffa di
acqua fresca. Ma sta tornando. Sono rimaste senz'acqua.
O la primavera è secca o l'acqua viene assorbita dalla
terra arida che raggiunge il Tuo giardino. Non lo
sappiamo. E' così che stava dicendo Maria di Alfeo.
Eccola... sta tornando."
Non avendo ancora visto Gesù, la madre di Giuda e
Giacomo, con un'anfora sulla testa e un'altra in mano,
sta gridando: sarà più veloce così. Maria è molto triste,
perché il Suoi fiori stanno morendo di sete. Sono quelli
piantati da Giuseppe e Gesù e le spezza il cuore vederli
seccare."
"Ma ora che Mi vedrà..." dice Gesù apparendo da dietro al
gruppo di donne.
"Oh! Mio Gesù. Tu sei benedetto! Vado a dirlo..."
"No. Vado io. Dammi le anfore."
"La porta è mezza chiusa. Maria è nel giardino. Oh! Come
sarà felice! Stava parlando di Te anche stamattina. Ma
perché sei venuto con questo caldo! Sei tutto sudato!
Siete tutti benedetti. Sei da solo?"
"No. Con amici. Ma sono arrivato prima di loro per vedere
Mia Madre per primo. E Giuda?"
"E' a Cafarnao. Ci va spesso." Dice Maria. E sorride,
asciugando il volto di Gesù con il suo velo.
Le brocche sono ora pronte, Gesù ne prende due,
legandole alle due estremità della sua cintura che si getta
attorno alla spalla e poi ne prende una terza in mano. Poi
si incammina, svolta ad un angolo, raggiunge la casa,
apre la porta, entra nella piccola stanza che sembra buia
in confronto al sole splendente all'esterno. Lentamente,

alza la tenda della porta del giardino e osserva.
Maria è di spalle alla casa, accanto a un cespuglio di
rose, a compiangere la pianta secca. Gesù posa la brocca
sul pavimento e il rame tintinna contro una roccia. "Sei
già qui, Maria?" Dice Sua Madre senza voltarsi.
"Vieni, vieni, guarda queste rose! E questi poveri gigli.
Moriranno tutti se non li curerò. Porta anche qualche
piccola canna per reggere questo stelo cadente."
"Ti porterò tutto, Madre."
Maria si volta di scatto e per un momento rimane con gli
occhi spalancati, poi con un grido corre a braccia aperte
verso Sua Figlio, Che ha già aperto le Sue braccia e La
aspetta con il sorriso più amorevole.
"Oh! Figlio Mio!"
"Madre!"
"Caro!!"
Il loro abbraccio è lungo e amorevole e Maria è così felice
che non sente quanto è accaldato Gesù. Ma poi lo nota:
"Perché, Figlio Mio, sei venuto a quest'ora del giorno?
Sei porpora e sudato come una spugna bagnata. Entra.
In modo che possa asciugarti e rinfrescarti. Ti porterò
una tunica e dei sandali puliti. Figlio Mio! Figlio Mio!
Perché andare in giro con questo caldo! Le piante stanno
morendo per il caldo e Tu, Mio Fiore, vai in giro."
"Era per venire da Te prima possibile, Madre."
"Oh! Mio caro! Hai sete? Devi averne. Ora Ti preparo…"
"Sì, ho sete dei Tuoi baci, Madre. E delle Tue carezze.
Fammi restare così, con la testa sulla Tua spalla,
come quando ero un bambino… Oh! Madre! Quanto Mi
manchi!"
"Chiamami, Figlio, e Io verrò da Te. Cosa Ti è mancato
per la Mia assenza? Il cibo che Ti piace? I vestiti puliti?
Un letto ben fatto? Oh! Mia Gioia, dimmi cosa ti è
mancato. La Tua servitrice, Mio Signore, si adopererà per
fornirtelo."
"Nient'altro che Te…"
Mano nella mano, Madre e Figlio entrano in casa. Gesù si

siede di spalle al muro, abbraccia Maria Che è di fronte a
Lui, appoggiando la testa sul Suo cuore e baciandola di
tanto in tanto. Poi La guarda: "Lascia che Ti guardi per la
gioia del Mio cuore, Mia santa Madre."
"Prima la tua tunica. Non ti fa bene rimanere così
bagnato. Vieni." Gesù obbedisce. Quando torna indietro,
indossando una tunica pulita, riprendono la loro dolce
conversazione.
"Sono venuto con i miei discepoli e amici ma li ho lasciati
nel bosco di Melcha. Arriveranno domani all'alba. Io...
non potevo più aspettare. Madre Mia!... " E Le bacia
le mani. "Maria di Alfeo è andata via per lasciarci soli.
Anche lei ha compreso quanto ero ansioso di stare con
Te. Domani... domani penserai ai miei amici ed Io ai
nazareni. Ma stasera Tu sei la mia amica e Io il Tuo. Ti
ho portato... Oh! Madre: ho trovato i pastori di Betlemme.
E Ti ho portato due di loro: sono orfani e Tu sei la madre
di tutti gli uomini. E ancora di più degli orfani. E Ti ho
portato anche uno che ha bisogno di Te per controllarsi.
E un altro che è un uomo giusto e ha sofferto tanto. E
poi Giovanni... E ti ho portato i ricordi di Elia, Isacco,
Tobia, che ora si chiamano Matteo, Giovanni e Simeone.
Giona è il più infelice di tutti. Ti porterò da lui... gliel'ho
promesso. Continuerò a cercare gli altri. Samuele e
Giuseppe riposano nella pace di Dio."
"Sei stato a Betlemme?"
"Sì, Madre. Ho portato i discepoli che erano con Me. E Ti
ho portato questi fiorellini, che crescevano accanto alle
pietre sulla soglia."
"Oh!" Maria prende gli steli secchi e li bacia. "E Anna?"
"Morì nel Massacro di Erode."
"Oh! Povera donna! Ti voleva tanto bene!"
"I betlemmiti hanno sofferto tanto. Ma sono stati ingiusti
con i pastori. Ma hanno sofferto tanto..."
"Ma sono stati buoni con Te allora!"
"Sì. E per questo devono essere compatiti. Satana è
geloso della gentilezza passata e li spinge ad azioni

malvagie. Sono stato anche a Hebron. I pastori,
perseguitati..."
"Oh! Fino a questo punto?!"
"Sì, furono aiutati da Zaccaria, che procurò loro un
lavoro e del cibo, anche se i loro maestri erano persone
crudeli. Ma sono anime giuste e hanno trasformato le
loro persecuzioni e ferite in meriti di vera santità. Li ho
riuniti assieme. Ho curato Isacco... e ho dato il Mio nome
a un bambino... A Juttah, dove Isacco languiva e dove è
ritornato alla vita, ora c'è un gruppo innocente, chiamato
Maria, Giuseppe e Jesai..."
"Oh! Il Tuo Nome!"
"E il Tuo e il nome del Giusto. E a Kariot, la terra natale
di un discepolo, un fedele israelita morto sul Mio cuore.
Pieno di gioia per l'avermi trovato... e poi... Ah! Quante
cose ho da raccontarti, Mia Amica perfetta, dolce Madre!
Ma prima di tutto, Ti prego, Ti chiedo di avere tanta
misericordia di coloro che arriveranno domani. Ascolta:
essi Mi amano... ma non sono perfetti. Tu, Maestra di
Virtù... Oh! Madre, aiutami a renderli buoni... vorrei
salvarli tutti..." Gesù è scivolato ai piedi di Maria. Ella
appare ora nella Sua maestà materna.
"Figlio Mio! Cosa vuoi che la Tua povera Madre faccia
meglio di ciò che Tu fai?"
"Santificarli... La Tua virtù santifica. Li ho portati qui
di proposito, Madre... un giorno Ti dirò: 'Vieni', perché
allora sarà urgente santificare le anime, in modo che Io
possa trovarle volenterose di essere redente. E non sarò
in grado di farlo da solo... Il Tuo silenzio sarà eloquente
quanto le Mie parole. La tua purezza assisterà il Mio
potere. La Tua presenza terrà lontano Satana... E Tuo
Figlio, Madre, si sentirà più forte sapendo che Tu sei
accanto a Lui. Tu verrai, vero, dolce Madre?"
"Gesù! Caro Figlio! Ho la sensazione che Tu non sia
felice... Cosa succede, Creatura del Mio cuore? Il mondo
Ti è stato ostile? No? E' un sollievo crederlo... ma...
Oh! Sì. Verrò. Ovunque Tu desideri, e ogni volta che lo

desideri. Anche ora, in questo sole cocente, o di notte, al freddo o con la pioggia. Mi desideri? Eccomi."
"No. Non ora. Ma un giorno... Com'è dolce la Nostra casa. E le Tue carezze! Lasciami dormire così, con la testa sulle Tue ginocchia. Sono così stanco! Sono ancora il Tuo Bambino..." E Gesù si addormenta davvero, stanco ed esausto, seduto sul tappeto, con la testa sul grembo di Sua Madre, che Gli accarezza felicemente i capelli.